SHODENSHA
SHINSHO

超訳『資本論』

的場昭弘

祥伝社新書

はしがき

この本の意図は？

超訳『資本論』——この奇妙なタイトルの本書を読まれる方に、まずお断りしておくことがあります。本書は『資本論』の新訳ではないということです。本の厚さを見て当然ご理解いただけると思われますが、この程度であれば抄訳にもならないわけです。

では本書は何か。それは『資本論』を読んでもらうための要約書ということです。しかし要約書ならもう嫌というほどある。マルクス経済学入門ならもうたくさんだ。だが本書はマルクス経済学の入門書でもありません。『資本論』の魅力を味わっていただくための、『資本論』入門書です。

『資本論』は誰のための本？

『資本論』は「分厚く、難解な言葉で書かれていて読むのが大変だ」。なるほどそうですね。でも『資本論』は資本主義社会で苦労している圧倒的多くの方たちの救いと導きの書であるのです。なんと皮肉なことでしょうか。

現代のわれわれは資本主義一人勝ちの世界に生きています。先を見ることのできない多くの人々は、もう資本主義は永遠なのだと思っていることでしょう。どっこいそうではないということを示したいのが本書の意図です。『資本論』はいまだに有効であると。いやいまだに今を勝ち抜く労働者のための武器であると。

「商品」の中に資本主義の謎がある？

価値論や価値形態論といった難しい議論をすべてとりあえず捨象《しゃしょう》するならば、『資本論』は階級闘争の書です。商品化された労働力が、安く買いたたかれ、搾取《さくしゅ》されていくさまを赤裸々にえがいた作品ともいえます。

資本主義社会は、商品という遺伝子にすべてが刻印されている。だからこの商品の中にすべての謎がある。その謎とは、等価交換に見せながら、その実、そうではないある特殊な商品の存在です。つまり労働力商品の存在です。労働力商品にも商品という遺伝子が刻印されている。とすると、この資本主義は、商品の分析にすべてかかっていることになる。

だから最初に商品に関する難しい議論がでてきます。しかしこれは後半の労働力商品（私たちが企業に売る能力のこと）の実態を説明するための導入にすぎません。資本主義のすべての謎が商品そのものにあるとすれば、資本主義を攻撃するにはこの商品を攻撃するしかないことになります。しかし、これが実は大変難しいことなのです。

資本主義の批判は簡単ではない?

マルクスは一九世紀にこんなことを言った人物だと考えてください。人間の本質はその細胞にある。だから細胞を分析することが人間を分析することだ。遺伝子の研究を知っている現在の私たちにはよくわかります。

しかし当時の人たちは、資本主義の本質は商品などにはない。体制を握っている資本家そのものにあるのだ。だから市場も商品があってもそれは構わない。悪いのは体制を牛耳《ぎゅうじ》っている資本家たちだという説のほうになびいていったわけです。

資本家をつぶせ。そして社会主義だ。しかしこれでは何も変わりません。遺伝子たる商品が残っていれば、また同じような資本主義が復活します。遺伝子組みかえ食品を拒否しても、遺伝子組みかえそのものがあれば、地球上にいつの間にかそれは蔓延《まんえん》する。遺伝子組み換えそのものを批判しなければならないのです。これは困難なことです。しかしマルクスは困難なことに挑戦した。だから理解されなかったわけです。

グローバリゼーションによって豊かになったのか？

現在のわれわれはこうした商品という遺伝子の中で生きている。それを壊せというのは実は大変である。しかしこの遺伝子は、すべてをくいつくし、搾取していく。グローバリゼーションが世界でもたらしている両極分解は、資本主義の本質そのものから出ています。決して新しいものではありません。

もっとも読者の中で何人が世界中を飛びまわり、このようなグローバリゼーションが引き起こす貧困に遭遇できるでしょうか。たいていの人は、グローバリゼーションは世界をフラット（平準化《へいじゅんか》）にする。世界中が豊かになるのだという宣伝に踊らされるのです。一九世紀においても注意深いマルクスのような人でないかぎり、万国博覧会を見ながら、世界はどんどん豊かになると本当に思っていました。だからマルクスはごみ箱をあさりながら、誰もが読まない統計資料集の中から、そうではない悲惨な資料を引用しているのです。

マルクスは、メドゥーサの神話にたとえています。その言葉を使えば、本当のことを見ると石になるので怖い、だから見えないように頭から帽子で目をふさぎ「絶対にこんなことはないのだ。世界はディズニーのIt's a small worldだ」と思いたがるのです。私はディズニー・ランドを批判する気はありません。スモール・ワールドは理想としてはすばらしいものです。ただそれを見て、理想を現実だと思っている人に言いたいのです。本当の世界はそうではないと。

絶望の先に見える希望

　私は今フランスに住んでいます。この豊かな国でどれほどの人が貧困にあえいでいるかを知るには勇気がいります。毎日凍えて死ぬ人がフランスにいるとしても、どれほどの人がそれに関心をもつでしょうか。

　先日地下鉄で絶望のあまり深く頭を垂れ、腕を拝むように大地につけた貧しい物乞いがいました。この姿はあまりにも神々しかったので妙に印象に残っているのです。この豊かなパリを彼は絶望のまなざしで見ているのです。マルクスが『資本論』を書いた意味はそこにあるのだと私は思っています。経済学者たちと理論で争うところに焦点があるわけでもないし、自分の名前を有名にすることに焦点があるわけでもない。ただ誰も理解していないこの悲惨な事実を理解し、それを類《たぐい》まれな思考能力で体系化し、人類に希望の光を見つけ出すことにマルクスのすべてがあったのだと。

　この本をきっかけにして、人類への温かい贈り物である『資本論』を読まれる方が増えることを切に祈る次第です。

序文

『資本論』を読もう

『資本論』を読む。実はこれは簡単なことではありません。たとえば第1巻の厚さを見ても（ドイツ語でも八〇〇ページ余り）、ぞっとしてしまう。読んだと称する人は多くとも、本当に最後まで読んだ人は何人いるのでしょうか。それ以上に語句が難しい。専門用語だと割り切るとしても、ちょっと今の世の感覚では理解できない語句が多い。ちょっと脇にその説明でも書いてあればいいのですが、ご丁寧にドイツ語版のページなどが書いてあっても、稚拙な用語解説などない。

それ以上に、今「一九世紀の『資本論』なんて読む意味あるの？　社会主義の時代は終わった。今の僕たちにとって何の意味があるの？」と問いかけられると、そうか、「もうこんな古典の値打ちなんて」と思ってしまうわけです。

私はここで『資本論』の訓詁《くんこ》学を語るつもりはまったくありません。また経済原論を講ずると称する人々がやっているような、資本主義社会のメカニズムを知るための原理論として読む気もありません。今という時代を知るために読む。この一点だけで読みます。もちろん解説書ですので、まずはマルクスの原文をドイツ語とフランス語から今様に翻訳し、それを解説することを主眼にします。もっともマルクスの文章を読むだけで、実は現代の問題がわかるのです。そうでなければ、あえていまどき『資本論』を読む必要などないではないですか。

『資本論』は労働者のためのものだ

では、現代の問題とは何か。資本主義経済のメカニズム？　資本蓄積の法則？　国家権力の問題？　搾取の理論？　実に多様な問いが生まれるでしょうね。それほど対象といい、内容といい、広範である。だがこうした議論を網羅していけばいくほど、全体の筋は見えなくなる。全体の筋とは、マルクスが大学の経済学の主任教授ではなく、革命家であったという点から生まれる彼の著作の意図のことです。

革命家マルクスが、客観的な資本主義の法則を分析するというとき、それは客観的なメカニズムを探究することではなく、当然資本主義社会の中で打ちひしがれた人々のために分析することであるということです。

とすると、当然労働者や資本家といった特定の立場につくようなものは学問ではない、たんなる宗教だという批判が出てきます。マルクスはそのことを百も承知で、国民経済学者という人々が主張する客観的に見えるが、その実極めて恣意的《しいてき》な分析を批判の俎上《そじょう》にあげていきます。表と裏、科学的システムの中に潜む現状説明的な表の世界と、それを受けてそこから社会への批判に向かう裏の世界を分けます。この裏の世界こそ、誰一人擁護者のいない資本主義社会の弱者の世界です。

階級闘争の書物

マルクス主義を語るとき、階級闘争という言葉はつねに出てきます。階級闘争は実は直接経済学の分野の問題ではない。実は経済学者はこうした問題に無関心であった。とはいえ、資本主義社会の経済法則といわれるものは、多くの点で国家権力、法律、政治などなどの経済学理論が直接取り扱わない問題と深く関係している。しかもそうした分野は、すさまじい階級対立の場として登場しているわけです。

まさにこの意味で、歴史という概念がマルクスにとって重要な鍵となります。資本主義社会を超歴史的なもの、いわゆるシステムと考えると、国家、法、政治といった経済外的問題を忘れる。

だからつねに、資本主義とそれ以前の世界を比較しながら、経済学のシステムというものに秘められた経済外的な要因を引き出す。そして、それがいかに経済学の中にあたかもなかったかのように、あるいはあたかもそれが自然の摂理であったかのように説明されていくさまを批判していきます。

人間は利己心の動物であるといった概念には、人間は類的動物だという概念が――、勤勉が富を生んだのだという概念には、富は略奪によって生まれたという概念が――、労働者は労働の対価を受けとっているという概念には、搾取されているという歴史的事実が、それぞれ対照化されます。

歴史と理論

すべて当然のように見える自然の法則の背後には、この時代につくられた法則が貫徹している。しかし、これは気づかない。いつの時代も自分の世界は永遠だと思う。だから、すべての出来事が自然に見える。そこにまず歴史的な位相でショックを与えます。しかし当然、それは歴史主義であるという批判が起こる。すべてを歴史に還元すれば、なるほど世界は変転流転する。過去が変化したのだから、現在も変化するだろうというのは、あくまで過去から読みこんでいるにすぎない。しかし今は、歴史の終焉《しゅうえん》の時代かもしれない。誰でも自分の生きている時代を美化したいがゆえに、歴史主義的解釈は嫌われます。

マルクスはそのことを承知していて、歴史的な側面を強調しながら、一方、歴史ではない理論的世界における位相を展開していきます。

確かに理論的な世界に歴史をもちこめば、理論的体系は不完全である。搾取の過程、たとえば高利貸《こうりがし》資本のようにかつては明確であった詐欺的な取引は、今でも資本主義社会の中に生きているといっても、それは理論的説明になっていない。

剰余価値《じようよかち》という利益を生み出すもとが労働者にあるということは、利益を生む原因がどこかになければならないという、入れ子構造的な発想から生まれた牽強付会《けんきようふかい》な説にも見える。そうした唐突さを避けるために、剰余価値の原因についてマルクスはなかなか真実を語らない。じっくりと商品をこねくりまわしながら、すべての可能性を分析していきます。

商品の世界の矛盾を知ることが基礎である

なぜ商品から分析したのかという序文の言葉は、まさにこの問題を語っているわけです。「労働者は不等価交換によって搾取されている」と主張したのでは、「そういうことを言う人もいます」と一蹴《いつしゆう》されてしまう。そこで、ごく一般的な経済学者の流儀に忠実に従いながら、彼らの理論を追う。結果として彼らの理論に乗っても、やはり労働者の搾取がなければ成り立たない世界があることを説明する。

これをマルクスは上向法《じようこうほう》という言葉で語ります。研究の過程はこまかい現実の問題をひとつひとつ分析していくことだ。しかしそれをそのまま叙述したのでは、ただ現実の動きがもっともらしく見えるだけである。そこで現実の問題をすべて抽象化していって、その時代を表すものをみつけ、そこから分析しはじめる。

この場合、商品なのですが、商品はどこにでもあるもので、どう見ても何も見えない。なんてことのないものである。が、ここにすべての問題が隠されている。

商品を価値と使用価値に分けたのはマルクスではありません。古典派経済学の手法をとりながら、それをそのまま分析していく。ここでマルクスは、彼らの説をたどっていくだけです。

しかし、この商品の中に貨幣が生まれ、そして商品の中に、特殊の商品は生まれてくる。商品と同じならば、特殊の商品である労働力も商品と同じ特徴をもつはずである。とすると、この商品が人間という生身の体によって刻印されている問題はどうなるか。ここで古典派経済学は困ってしまうわけですが、マルクスはそこに完全な説明を求め労働力商品の二重性という問題を出します。

そうして、商品と同じように説明すれば、どうしてもこの商品にはおかしなところが出てくる。つまり労働力の使用価値と交換価値の差がなければおかしいのですが、その差はあるひとつの事実として現れてくる。それは「支払われる労賃」と「支払われない剰余価値」との差として。論理自体は国民経済学者（古典派）の論理です。しかし彼らの論理に従っても、労働力商品の矛盾が出てくる。

現実社会をいかに描くか

そうなると、どうしてこうした矛盾が資本主義社会の等価交換の世界に隠されているのかという問題が出てきます。こうした論理はまったく内在《ないざい》的な論理です。しかしこうした内在的な論理を追うだけでは、資本主義はたんなるシステム理論になる。矛盾があるが、いつもそこから景気循環として脱却していく。

そこで、現実の歴史分析の世界からわかるさまざまな具体的問題を各所に入れることで、平板な屁理屈《へりくつ》とも思える理論的な議論に豊かな内容を与えます。マルクスの『資本論』のすごさは、まさにこの現実世界の裏付けのすばらしさにもあります。経済学者の本や統計書だけでなく、実際の社会を見て書いている。そこに彼の文筆のもつ秀逸さがあるわけです。イギリス、それもロンドンに住みながら歴史の進行を自ら体験する。空気を読んでいる。歴史を肌で感じながら、統計のうすっぺらい事実と比較している。

捨てられていた国会の議事録をマルクスは拾った。こんな議事録を丁寧に読んだことの立派さもさることながら、ここに書かれている内容と現実の問題とのずれを意識しながら、それを批判的に読み込んでいったマルクス。お見事というしかないのですが、それはマルクスがたんに机上の空論の理論家ではなく、革命家であったという点と深く関係しています。

マルクスは現代を変える革命家です

話はもとにもどりました。マルクスは革命家であったわけです。革命家として資本主義社会の根幹をつかみ、未来社会を構想しようとしました。その際のキーワードは階級闘争です。プロレタリアートの中に未来の世界を見たというのは、もちろん彼らへの同情があったからですが、しかし、彼は同情なんかでプロレタリアートを支援していません。歴史を動かす大きな客観的な力をそこに読み込んでいるのです。

その意味でマルクスは同情して社会主義者になったのではない。未来世界の可能性として、彼らの存在を意識して社会主義者になったのです。先に述べたマルクスの議論を階級闘争として読むと、特定の側に立つ宗教となるという議論がいかにおかしなものであるかがわかります。労働者の側に立ったのは、彼らがいとおしいからではない。歴史の歯車だからです。その意味で彼は革命家であったとしても、労働者である必要はなかったということです。

労働者ではないのに、なぜ語ることができたか？

そうなると昔から言われている問題、ブルジョワのくせになぜ労働者の味方をするのか。豊かな生活の中で、労働者をある意味で避けた人間になぜ労働者のことが語れるのかといった問題が出てきます。しかし、実は彼が労働者でなかったからこそ、労働者の社会が分析できたということも確かなのです。労働者の側に立つと、彼らの権利の中に潜む落とし穴が見えない。労働者同士で正しいと思う問題を労働者以外に説得できない。これでは理論的には負けです。社会を説得することはできません。そこでそこから出て現実を冷静に見る。その結果としてやはり労働者のいう言説には合理性がある。それを確かめてこそブルジョワに対してものを言える。

マルクスの『資本論』には哲学、数学、美学、文学、統計学、衛生学などなどの多様な学問が出てきます。こうした学問は労働者と直接関係ない。もっと労働者の言葉で語るほうがいい。それはそうです。しかし、労働者の言説は労働者の世界では通じても、ブルジョワの世界では通じない。ブルジョワの世界には別のレトリックがある。それがこれらの学問です。これを理解することなく、社会批判をすればあざけられるだけである。マルクスとエンゲルスがイギリスでそれなりに恐れられたのは、彼らの教養の素晴らしさであったことは間違いありません。そして、彼ら自身が皮肉にも貴族的でブルジョワ的であったことにより、ブルジョワ世界に影響力をもてたことです。

だからこそ『資本論』はある意味で、皮肉ですがその時代のブルジョワ的教養が詰まっている本でもあります。そしてそれが逆に批判の俎上に上り、逆《さか》ねじをくらわされている。数多くの引用の中に多くの作家の言葉が出てくる。それはその時代のブルジョワの常套句《じょうとうく》である。それを逆さに反転させながら、厳しい批判を繰り返す彼のスタイルは、相手を恐怖に陥《おとしい》れるに余りあるものです。

あなたたちに責任があることではない

『資本論』を読むということは、こうしたレトリックを読むことでもあり、いいかえれば、あまりにも優しく解説することはできないということでもあります。とはいえ、マルクスが労働者に読んでもらうことを切に願ったことも事実です。

そこで彼は、難しい論理学や哲学の部分を避け、すさまじい現状が描かれている報告書を丁寧に引用しながら、彼らが自らの世界を知るようにと願ってもいるのです。後半部分はまさにそうした意味が強い。逆に後半は知識人のほうが読みづらい。論理ではなく、活きた世界を知らないと理解できないからです。

このように読みづらい書物ですが、徹頭徹尾《てっとうてつび》、階級闘争の書物として読み解くことで、まずはみなさんの現実世界と比較することができます。「なぜ自分は解雇されたのか」「なぜ無能だといわれるのか」、こうした怒りをもっていると思います。しかし、それにはそれなりの理由がある。

マルクスは、すぐにあなたたちは搾取されているとか、あなたの言い分は正しいなどと言ってはくれません。じっと我慢して読んでいくと、やがて、それはあなたたちに責任があることではないのだということが見えてきます。最初は難しい議論が続きます。あせらずにいると、「そうかやはりこれは私たちのことを言っているのだ」ということが見えてくるのです。

超訳『資本論』——目次

はしがき　3
「商品」の中に資本主義の謎がある？　4
グローバリゼーションによって豊かになったのか？　6
序文　8
あなたたちに責任があることではない　17

『資本論』第1巻　35

初版序文から　36
何事も初めが肝心　36
資本家の批判ではなく、資本の法則の批判である　40

第二版あとがき　41

第1編　商品と貨幣　49

第1章　商品　51

第1節　商品の二要素――使用価値と交換価値　52
まず商品の謎を知る　52
交換価値とは何か？　53
商品の背後に人間労働がある　54
第2節　商品に表された労働の二重性　57
商品はどうやって生まれるか？　58
価値を生む労働をしているか？　60
第3節　価値の形態または交換価値　62
(a)　単純な、個別的な、偶然的な価値形態　63
相対的価値形態――自らは何であるかわからないもの　64
等価形態――他のものを何であるか示すもの　65

(b)総体的あるいは拡大された価値形態 68
無数の商品をひとつに束《たば》ねるものの秘密 70
(c)一般的価値形態 71
商品の世界から排除されたもの 72
(d)貨幣形態 75
金《きん》という特殊の自然形態 75
第4節 商品の物神的性格とその秘密 78
王者になり、すべてを転倒させる貨幣の謎 78
第2章 交換過程 85
第3章 貨幣または商品流通 89
第1節 価値の尺度 90
価値ではなく、価格を測る貨幣 91
第2節 流通手段 93

(a) 商品の変態（メタモルフォーゼ） *93*
貨幣による売りと買いの難しさと売れ残り――恐慌の可能性 *95*
(b) 貨幣の流通 *96*
いったいどれくらい貨幣は流通すべきか？ *96*
しかし、貨幣の流通必要量は問題の本質ではない *97*
(c) 鋳貨《ちゅうか》、価値《かち》標章《ひょうしょう》 *99*
貨幣が価値から離れるとき *99*
第3節 貨幣 *100*
(a) 蓄蔵貨幣 *101*
(b) 支払手段 *102*
(c) 世界貨幣 *105*
最後はやはり金しかない *105*
第2編 貨幣の資本への転化 *107*
第4章 貨幣の資本への転化 *109*

第1節　資本の一般定式　110
なぜ、資本が生まれるか？　110
貨幣は貨幣を増やす――価値増殖　111
第2節　一般定式の矛盾　114
等価交換の原則を守らない貨幣の謎　114
第3節　労働力の売買　118
労働力商品はどこから生まれたか？　119
労働力の交換価値と使用価値の違い　120
第3編　絶対的剰余《じょうよ》価値の生産　125
第5章　労働過程と価値増殖過程　127
第1節　労働過程　128
第2節　価値増殖過程　130

第6章　不変資本と可変資本　133
機械の価値を引き出しているのは誰か？　135
価値を形成するのは、生きた労働のみ　137
第7章　剰余価値率　139
第1節　労働力の搾取度　140
どれだけ搾取されているか？——剰余価値率　140
シーニョアの最後の一時間　142
第8章　労働日　145
第1節　労働日の限界　146
釣った魚は自分のもの　147
第2節　資本は剰余労働に飢《う》えている——ボヤールと工場主　148
第3節　搾取に対する法的制限のないイギリスの産業における労働日　151
児童労働の実態　151

過労の実態 152
第4節 昼間労働と夜間労働――交替制 153
第5節 標準労働日のための闘争（1） 155
先進国では、資本は労働者にやさしいか？ 157
救貧院《きゅうひんいん》を恐怖の館に！ 158
第6節 標準労働日のための闘争（2） 160
労働者の勝利か？ 160
資本家の反転攻勢 162
第7節 標準労働日のための闘争（3） 163
マルクスの賞賛 163
第9章 剰余価値率と剰余価値の量 165
労賃が同じで利益を上げるには、労働者の数を増やす 166
なぜ、機械を増やすか？ 167
規律社会への移行 168

第4編　相対的剰余価値　171

第10章　相対的剰余価値の概念　173
必要労働時間を縮小する　174
なぜ、資本家は労働日を下げるのに同意するのか？　175
資本の衝動　177
第11章　協業《きょうぎょう》　179
労働者を命令に服従させるシステム　182
第12章　分業とマニファクチュア　185
第1節　マニュファクチュアの二重の起源　186
第2節　部分を担う労働者と道具　187
第3節　マニュファクチュアの一般的メカニズム、その二つの基本形態　188
総合的分業　189
機械になる人間の組織　189

第4節　マニュファクチュア的分業と社会内分業　191
二つの分業の違い　191
第5節　マニュファクチュアの資本主義的性格　194
分業は能力を発展させられるか？　194
第13章　機械装置と大工業　197
第1節　機械装置の発達　198
第2節　生産物に対する機械装置の価値移転　199
機械と労働力、どちらを使うか？　199
第3節　機械経営が労働者に及ぼす第一次的影響　201
(a)　資本による補助的労働力の支配——婦人労働と児童労働　201
(b)　労働日の延長　202
(c)　労働の強化　203
第4節　工場　205
労働者が機械に従属する——兵営的規律　207
第5節　労働者と機械との闘争　208

機械によって労働者は駆逐される　208
第6節　機械装置によって駆逐された労働者に関する補償の理論　210
クビになっても次に仕事がある？　210
機械が悪いのか？　211
第7節　機械経営の発達にともなう労働者の雇用と反発　213
第8節　大工業によるマニュファクチュア、手工業、家内工業の革命　214
第9節　工場法施行（保険条項と教育条項）、イギリスにおけるその一般化　216
工場で働く児童のほうが能力があるという論理　216
使い捨てのための教育　217
家族が悪いのか？　218
第10節　大工業と農業　221

第5編　絶対的剰余価値と相対的剰余価値の生産　223

第14章　絶対的剰余価値と相対的剰余価値　225
生産的とは何か？　226

二つの「包摂《ほうせつ》」 227
第15章　労働力の価格と剰余価値の量的変動 229
第1節　労働日の大きさと労働の強度が不変で、労働の生産力が可変である場合 230
第2節　労働日と労働の生産力が不変で、労働の強度が可変である場合 231
第3節　労働の生産力と強度が不変で、労働日が可変である場合 231
第4節　労働の強度、労働日、労働の生産力すべて可変の場合 232
第16章　剰余価値率のいろいろな表式 235
搾取率としての剰余価値率 236
不払労働と支払労働 238
第6編　労働賃金 241
第17章　労働力の価値または価格の労賃への転化 243
労働の価値という言い方はおかしい 244

資本主義社会で用いられる言い方 245
第18章 時間賃金 249
労働の内容に関心をもて 250
第19章 出来高賃金 253
お互いに賃金を引き下げあうシステム 255
第20章 労働賃金の国民的差異 257
なぜ先進国の賃金は後進国より高いか？ 258
生産性が上がれば、賃金も上がる？ 259
第7編 資本の蓄積過程 261
第21章 単純再生産 263
単純再生産モデル——労働者の再生産 264

第22章　剰余価値の資本への転化　267
第1節　拡大された規模での資本主義生産過程。商品生産の所有法則の資本主義的領有法則への転化　268
第2節　拡大された規模での再生産における政治経済学の間違った見解　270
拡大再生産は労働者に有利か?　270
第3節　剰余価値の資本と収入への分割――節欲説　271
蓄積から投資へ　271
第4節　資本と収入への剰余価値の分割比率から独立して蓄積の大きさを決定する諸事情　273
やはり賃金を下げるしかない!　273
第5節　いわゆる労働基金　275
労賃の値は、前もって決まっている　275
第23章　資本主義的蓄積の一般法則　277
第1節　資本の構成が同じ場合、蓄積による労働力への需要増大　278
機械化は、農民を労働者にする　278
自らの手でつくったものに支配される　281

第2節　蓄積の強化とそれにともなう集中による可変資本の相対的減少　282
資本の集中——お互いを食い合う　282
第3節　相対的過剰人口または産業予備軍の累進的生産　286
つねに労働者のスペアを必要とする社会　286
人口問題は資本主義の落とし穴　288
仕事のない労働者をも利用する　290
プレカリアートは昔もいた　293
第4節　相対的過剰人口のさまざまな存在形態。資本主義的蓄積の一般法則　294
三つの過剰人口と、さらにその下　294
貧困は神の恵みか？　296
第5節　資本主義的蓄積の一般的法則の説明　297
(a)　一八四六～一八六六年　297
(b)　イギリス工業労働者階級の低賃金層　299
(c)　移動する民　301
(d)　恐慌が、労働者の中で一番いい給料をもらっている者に与える影響　302
(e)　イギリスの農業プロレタリアート　304

(f) アイルランド 306
第24章 いわゆる本源的蓄積 309
過去の実態を暴く 310
第1節 本源的蓄積の秘密 311
もともとスタートからして違っていた 311
どこに行くのも自由だが、飢えるのも自由 313
第2節 農村住民からの土地の収奪 315
国家との結託 316
法律も資本の味方になる 317
「土地の清掃」 318
第3節 一五世紀末以来の収奪に対する血の立法 320
教育によって、労働者を再生産する 321
賃金の上限を決める法律 322
第4節 資本家的借地農業者の形成 324
第5節 農業革命の工業への反作用。産業資本のための国内市場の形成 325

第6節　産業資本家の生成　327
思わぬところから資本家は生まれる　327
公債発行による収奪　331
毛穴という毛穴から血と脂《あぶら》をたらしながら　333
第7節　資本主義的蓄積の歴史的傾向　335
第一の否定——私有制度の解体　335
第二の否定——ならば資本のつくり出す世界をもう一度否定しよう　336
第25章　近代植民理論　341
資本主義とは、人間関係である　342
簡単に土地を持てなくする　343
あとがき　346

『資本論』第1巻

初版序文から

何事も初めが肝心

まず『資本論』の読者は、マルクスの次の文章に遭遇します。

なにをするにも初めが肝心、という格言はどんな学問にも当てはまる。だから、第1章とくに商品の分析に関する節を理解するのは、大きな試練となるだろう。そのため、価値の大きさと価値の姿とはどんなものであるかを細かく説明するにあたって、できるだけわかりやすく書くことにした。

のっけから「難しいので我慢せよ」との忠告です。しかしながら、なるべくわかりやすくしたとありますので、ひるむ必要はなし。なぜ難しいのかといえば、価値の現象形態として現れる貨幣や商品を見てもそこにどんな意味があるかなど、簡単には気づかないからです。まずマルクスは「こうした誰も気づかないものから分析するよ」と言っているわけです。だから難しい。

商品（売るためにのみ作られる生産物）に体現されている価値こそ、現在の社会を分析する道具なのに、これがわからないのは変である。しかし、それは人間を分析するのに、人間の細胞のことがわからないのとよく似ているというわけです。

もっとも最近では遺伝子の研究が進み、マルクスのこうした保留などいらないほど、人間の実体が細胞からわかるようになっています。商品から分析することは、むしろ現在の読者にとっては、マルクスが言うほど難しいことではないかもしれません。

遺伝子と人間との関係で考えてみよう

だからむしろ一九世紀の読者より遺伝子のことを知っている皆さんのほうが、商品という資本主義社会の細胞のきめ細かい分析については理解しやすいはずなのです。こういう言葉を見てひるむのではなく、むしろ自分たちのほうが理解しやすい位置にあるということを納得し読みすすんでください。

『資本論』は価値の形態に関する部分を除けば、案外簡単なことを述べているのだと、マルクスは言います。そして、まず分析の模範例をイギリスに取るといいます。さしずめ現在ならアメリカですが、もっとも進んでいる国を分析することで、ほかの国のこともわかるだろうということです。

死んだものが生きているものを支配する

イギリスを分析することで資本主義的生産の自然法則を学び、その法則がどう世界に貫徹していくかを知ることがこの本の趣旨だというのです。この法則からはどの国も逃れえない。だから、そんなことは自分たちに関係ないということはできない。資本主義社会の宿命といいえることを語るので、目を開いてしっかりと読めと脅しともいえる暗示にかけています。

ドイツの読者が「イギリスのようになるなら大変だ」と叫ぶことを見越して、資本主義が発展すると大変なことになるのだが、それ以上に発展しないともっと大変なことになるのだよと、いなしています。「死んだものが生きているものを支配する」。むしろ遅れていることのほうが残酷なのだと諭《さと》します。

この「死んだものが生きているものを支配する」という言葉（フランス語）は、実は『資本論』全体のテーマでもあります。生きているわれわれは、過去の労働である資本に隷従《れいじゅう》せざるをえないという意味で何度もでてきます。しかしここでは、遅れていることのほうがもっと不幸であるという意味で使われます。

遅かれ早かれそうなる？

先進国たるイギリスの労働者の実態は確かにひどいものがあるが、統計などの調査が完備している点では、むしろ現実の状態が公《おおやけ》にされており、その意味で幸いなのだというわけです。ドイツの労働者のほうが実態を知らないので、自分の姿が見えない。だからマルクスは本書ではこうした統計をふんだんに使い、労働者階級の実態を具体的に見せるようにしたことも強調します。こうしてドイツ社会の未来を明示するわけです。

一社会に運動の自然法則がつかめたとしても（近代社会の経済的運動法則を探究することがこの著作の最終目的だが）、この社会には自然の発展段階を飛び越えることもできないし、それを法律で取り除くこともできない。しかしただ、その生みの苦しみを短くし、緩和することはできる。

なるほど『資本論』を読んでも、法則が変わるわけではない。だからやはりドイツの労働者に未来は厳しい。しかし、本を読めば少しは楽になるのだというわけです。

資本家の批判ではなく、資本の法則の批判である

そしてマルクスは、具体的な資本家や土地所有者を批判するのは本書の目的ではないといいます。こうした人たちが批判されるとしたら、それは資本の人格化（資本が人間に化けていること）として問題になるかぎりである、と断り書きをいれています。人間そのものの細かい分析はむしろしない。しかし、利己心にまみれた人間の性《さが》は問題になる。それは、その性が経済的なカテゴリーを表現しているからです。

いまや世界中で資本の法則が貫徹しつつある。それはすぐに進むものではなく、ゆっくりとしたものだ。しかし、それは確実に進む過程であると。

このように、悲惨な社会を描くことで読者を不快にさせるかもしれないが、真実を見る勇気が必要だといいます。マルクスは確信をもっていると断言し、こういう言葉で最後を結んでいます。

「自らの道を歩め。他人には好きに語らせよ」と。

これはマルクスの長い人生そのものが証明した決意であり、本書はまさに彼の生き方それ自身が生み出した結晶だとも主張しているわけです。

第二版あとがき

『資本論』の反響

刊行当初は出足の悪かった『資本論』ですが、次第に意義を理解する者が増えてきて、一八七二年にはフランス語版、一八七三年にはドイツ語版第二版を上梓できることになります。

マルクスは、第二版では価値の形態についての論述を多くしたこと以外にはあまり付加しなかった旨を記し、この本への評価の紹介と頭の固いドイツの経済学者への批判を行ないます。

ドイツのブルジョワ、イギリス人、ロシア人は理解しているのに、ドイツの経済学者のほうは、この書物は難解で理解できないと言っていることを批判します。イギリスやフランスのことばかり気にしながら学問をしているドイツの学者たちは、イギリス人やフランス人が書いたものなら喜んで理解しようとするのに、ドイツ人の、それも素人が書いたものなど、相手にしたくない。そんなドイツ人経済学者に怒りをぶつけるわけです。

方法を理解するには？

しかし、方法はやはり誰も十分に理解できていない。これに少々参ったマルクスは、自分の方法について書かざるをえなくなるわけです。マルクスの方法がだれにも理解できなかったことは無理もないことなのです。フランスの学者アルチュセールは、古い世界の用語で、未来を見たものが陥《おちい》る困難について書いています。一九世紀の概念で二〇世紀を語ることは困難である――。これは方法の問題というよりは、あまりにも先を見た人間の陥る問題ともいえるのです。

マルクスはここで方法の問題について語ります。「あとがき」の中でもっとも重要な部分です。

当然のことだが、叙述《じょじゅつ》方法と研究の方法は異ならなければならない。研究は素材を徹底的に調べ上げ、素材がいかに異なった発展状態であるかを分析し、それぞれがどうつながっているかを調べねばならない。この作業が終わって初めて、現実の運動を叙述することができるのである。これが終わり、素材がまったく別の生きた観念として表現されれば、もうそれは一見しただけでは、ずっと前からそこにあったかのように見えるだろう。

私のディアレクティーク（弁証的方法）は、ヘーゲルの方法と異なるだけでなく、まったく逆なのだ。ヘーゲルの場合、思考の過程こそ、現実にあるものをつくりだす中心であって、現実にあるものは、思考の過程とは何の関係もないのである。しかもヘーゲルは、思考の過程を理念（イデー）という名前で、独立した主体に変えてしまうのである。逆に私の場合、理念なるものは、人間の頭脳に現実から転移され、移し替えられた物質的なものにほかならないのだ。

研究と執筆の違い

マルクスは、いわば自分の研究がなぜこれほど時間がかかったかを説明しているわけです。一八四〇年代から始められた研究は、歴史、文化、統計、経済学あらゆる分野に及び、それこそ四六時中研究していなければならなかった。それなのになぜ執筆できなかったのか。当然です。現実をいくら並べてもそこから社会の秘密を解き明かすものは出てこないからです。集めただけでは事実の列挙になるだけである。

この事実の列挙の過程を下向法《げこうほう》という言葉で表わすこともありますが、ようするに現実の具体的なものを調べることです。いわば素材、料理でいえば仕込みで、この仕込みが実は重要である。仕込みなしに料理はできない。しかし仕込みだけでは料理にならない。

さあ、ここからが腕の見せ所です。すべての知識を総動員し、あるひとつの流れをつくります。マルクスが行き着いた概念である商品は、その結実です。しかし「商品を見て何がわかるのか」、なるほどそうです。「商品を探すのに三〇年近くもかかったのはおかしい」。確かにそうです。

しかし、よく考えてください。初めて見たモナリザと、三〇年も研鑽《けんさん》を積んで見たモナリザとの差を。三〇年の兵《つわもの》は、そこにこれから展開されるべき答えがすべて隠されていることを知っている。しかし、それは見せない。いかにも誰もが知っているモナリザをあげ、そこから美術史のすべての秘密を引き出してあげようというのです。そこには、研鑽したからこそわかる匠《たくみ》の技のすばらしさが隠されているのです。

マルクス独自の方法

そうかこれはたんにヘーゲルの方法ではないか。少しレベルの高い読者はそう思います。しかし、哲学と経済学の大きな差について、実は何も見ていない。マルクスはヘーゲルの方法を経済学の概念にあてはめただけか。しかしあてはめるということは簡単なことか。アルチュセールの問題提起以来、多くの論議を呼んだテーマで、この問題を述べるだけで一冊の書物が必要です。ヘーゲルの方法を経済学のカテゴリーにあてはめることは簡単なことではない。哲学的思考を現実のカテゴリーにあてはめることができるのであれば、現実の世界などほとんど無意味な世界ということになる。現実は厚く、深遠である。現実は思考を超えている。なのに、ひとつの思考方法で現実がわかる。そんなことはない。

逆です。現実から思考が生まれるとしたら、現実をあれやこれやと調べる研究過程からしか生まれない。長く苦しい研鑽の中にしか思考はないのです。思考は一度生まれると、なんだこんなことかと思うくらい単純なものかもしれません。しかし、それを生みだす苦しみを考えると途方もないものです。マルクスはヘーゲルを批判しつつ、ヘーゲルの思考の深さを十分知っている。ヘーゲルが現実に対して無知だったわけではない。フランス革命史や宗教史を深く学んだヘーゲルを尊敬している。しかし、ヘーゲルはマルクスではない。マルクスはまったく違う現実にいて、ヘーゲルとは違った現実から、異なる思考を生むのです。

マルクスが哲学ではなく経済という現実を見ていたとすると、そこから出てくる思考は、ヘーゲルの方法をただ経済学にあてはめただけのものではまったくない。むしろまったく異質の思考であるはずだ。歴史の変遷についてもヘーゲルのようにはならないはず。マルクスはここで現実について何十年も研鑽したことを強調しているのです。

「私の議論はたんに机に向かって頭でひねり出したのではない。苦しい亡命生活、貧困、労働者との対話、大英図書館での孤独、ジャーナリストとしての活動などなどの血の結果なんだ」というわけです。

我慢した者だけが、山登りの喜びを分かち合える

だからこそ、ほぼ同じころ書かれたフランス語版序文のこの言葉が生きてくるのです。

学問をするのに、簡単な道などはない。だから、ただ学問の厳しい山を登る苦労をいとわないものだけが、輝かしい絶頂を極める希望をもつのだ。

簡単に見えることも一日にしてならず。「そんなことは誰も書けるよ」という巷《ちまた》の批判を予測するかのように、さらりとこの言葉を書いているのですが、まさにマルクスの人生すべての結実であり、この言葉には裏付けがあるわけです。

最後に、ほとんど見過ごしてしまう言葉ですが、マルクスが何度も使っている言葉がありますので、それを引用します。

マルクスのために

ちょうど私が『資本論』第1巻の執筆をしていた時、教養ある現在ドイツで威張っている不遜《ふそん》で、凡庸《ぼんよう》で、おべっか使いが、知ったかぶりをして、レッシングの時代に、あのモーゼズ・メンデルスゾーンがかのスピノザを取り扱ったように、すなわちヘーゲルを死せる犬として取り扱っていた。だからこそ私は堂々と、この偉大なる思想家ヘーゲルの弟子であることを告白したのだ。

スピノザが出てきますが、スピノザの死を救ったのは彼の弟子たちです。弟子たちのおかげでスピノザの著作は印刷され、彼の名前も忘却から救われた。マルクスもヘーゲルのために、ひと仕事しようというわけです。

フランスの哲学者アルチュセールは、このマルクスの悲壮な決意を見て、『マルクスのために』（一九六五年）を執筆したわけです。

——スピノザのために弟子がしたことを、マルクスはヘーゲルのために行なった。しかしである。「マルクスのために」誰が進んで助けようとしているのか。だれもいないではないか、だから私がやろう、と。

第1編　商品と貨幣

第1章　商品
第2章　交換過程
第3章　貨幣または商品流通

第1章　商品

第1節　商品の二要素――使用価値と交換価値

まず商品の謎を知る

『資本論』は、まことにあっさりした文章から始まります。

資本主義的生産様式を支配している社会的富《とみ》は、「巨大な商品のかたまり」として現れ、この富を構成しているのがこの商品である。だから、われわれの研究は商品の分析から始まる。

すでにマルクスは序文で語っていたことなのですが、資本主義社会の細胞は商品である。だからこの商品を分析することで資本主義そのものがわかるというわけです。そしてその商品はまず、「具体的に有用な価値」をもつもの、すなわち「使用価値」をもったものとして出現することを確認します。しかしここで、この使用価値を扱うわけではない。使用価値は商品につきものですが、本質ではないからです。
たったこれだけの部分ですが、マルクスは、実は大変な難問をさらりと書いている。商品の使用価値とは、その素材がもつ他人の欲望を充足《じゅうそく》するもののことです。コップ、本といった形態はまさにそうです。しかし、この資本主義社会では、それらを一般になぜか商品という。欲望の充足が重要なのは当然ですが、誰も商品の具体的姿を見てはいない。その背後にある何かを見ているということです。コップであるのに、コップとして映らない。奇妙な世界です。お金を見て、金属や紙だという人がいないのはおかしなことではないのですが、普通の商品ですらすでにそうなっているわけです。

交換価値とは何か？

そして、交換価値の説明に進みます。

> 交換関係は、まず量的な関係として、つまり、ある使用価値がほかの使用価値と交換される比率として、時と場所によって絶《た》えず変化する関係として現れる。だから、交換価値は、何か偶然的なもの、純粋に相対的なものである。商品に内在する固有の交換価値などは、まったく存在しないかのように見える。

二つの商品を交換するとき、その価値がそれをもっている人のお互いの妥協で決まるとすれば、交換比率は時と場所による偶然で決まります。だから交換価値になにか決まった量が隠されているなどと考えるのはおかしい。まさに表面上この関係で見えるものは、偶然に左右されているということだけです。しかし、はたしてそうか。そこには何かつなぐものがあるはずである。これは価値ですが、その価値とは何か、それをどう導出《どうしゅつ》するかが問題です。

商品の背後に人間労働がある

マルクスは、人々がある形の面積を考えるとき、三角形に分解する例を引き出し、それを集めて面積を割り出すことに言及します。同じく、商品の中に見ることのできない何かに還元することで、商品を見ることができるのだと説明します。

商品そのものを叩いても見えないもの。商品の根源を問うならば、それをつくった人間の労働しか残らない。

少々唐突にみえる議論なのですが、人間がものを交換し合う関係そのものが、人間と人間との関係であるとすれば、それはすべからく人間そのものの本質に関係することになるわけです。

実はここでの議論では、労働という概念はスマートに出てきません。すでにマルクスは、この答えを『経済学・哲学草稿』（一八四四年）の時代に、「人間の類的本質は労働である」という形で出していたのです。

そうなると、その労働は二つに分かれます。まずその商品を作った「具体的人間労働」と、それ以外。それ以外は、すべての商品に共通する非具体的労働ということで、「抽象的人間労働」という言い方をします。

したがって、これらの労働の異なった具体的形態も消える。もはや相互に区別されることなく、すべて同じ人間労働、抽象的に人間的な労働に還元される。

そして、その交換価値を規定している労働は、どうやって測られるかという問題に言及し、その中に含まれている労働の量によって決まると主張します。具体的には、労働が支出された労働時間――労働日によって決まるわけです。

社会的に平均化された労働

しかしそうなると、怠け者のつくった（無駄に時間をかけてつくった）商品ほど高い価値をもつではないか、という疑問が出てきますので、個々の労働が決めるのではなく、社会的に平均化された労働が決めるのだといいます。

社会的に必要な労働時間とは、現実に存在する社会において、正常な条件と労働熟練と強度を社会的に平均した、なんらかの使用価値を作り出すために必要とされる労働時間である。

こうして生産力が発展すればするほど、社会的に必要な労働時間は減少していくということを説明します。しかしこれは、あらかじめわかっているわけではなく、市場の中で決まっていくものです。

このあたりマルクスの説明は少々ぎこちない気がします。無理もないのです。商品の中にある人間労働を引き出すにしては、実は説明が足りない。しかしここで、延々とそれをやるわけにはいかない。この冒頭の商品のくだりについて、かつて日本のマルクス経済学は長い間議論をしていました。確かにぎこちないのです。なぜなら理論だけでは解けない問題があるからです。むしろ商品の歴史を見なければならない。スミスは原始社会から説明するのですが、マルクスはそれをしないのでわかりにくい。とはいえ、まずこのことを前提にしてみようというわけです。

第2節　商品に表された労働の二重性

労働も商品ならば、二つの価値がある

この唐突さを説明するには論理ではなく歴史が必要なのですが、この節ではじめて歴史的経緯を説明することになります。実はマルクスがもっとも主張したいこと、つまり「労働の二重性」というマルクス最大の発見を述べる節なのですが、きわめて慎重に、かつ、かなり自重しながらさらりと述べます。

二つの商品を共通のものにするものが価値であり、それが労働ならば、当然労働にも二つの労働があることになります。

「使用価値をつくる労働」と「価値をつくる労働」――。

しかし、労働からそれを見てもわからない。労働の質が違うからそこに価値が生まれるのか、労働の質つまり有用労働が価値を生むのか、そこを説明する必要がある。そこで、商品

と商品を交換する社会とそうでない社会とを区別し、歴史的に見る必要があるわけです。

インドの古代社会があげられ、古代インドの共同体でもそれぞれ違ったものをつくっていた以上、当然分業はそこにあったのです。でもそこに商品はありませんでした。また、近代的な工場の内部においても労働は分業化されていましたが、工場内で商品交換は存在しません。商品交換が存在するのは、ある社会からです。

商品はどうやって生まれるか?

お互いに商品として向き合うのは、独立した、それぞれ別の私的労働による生産物だけである。

つまり、独立した生産者がそれぞれ生産物を交換する場合にのみ商品が生まれる。古代インドの共同体でも、工場の中でも、独立した私的労働にはなっていない。だから商品は出現しない。

商品生産が行なわれる社会は、ある時代から始まった——ということは、もともとの人間社会では商品生産は行なわれていなかったということになります。この二つの社会の区分こそ、マルクスの歴史的分析の特色です。
商品生産が出現する社会は共同体内の分業や、工場内の分業の社会ではなく、それぞれの労働が独立している社会的な分業の世界であるということです。まず、古代インドのような世界は、よく見れば、実はいつの時代にもある歴史貫通的な世界である。どんな時代も労働なく生きていくことはできないという意味で。

商品生産社会の労働

労働とは、どんな社会形態であろうと、人間が生きるための条件であり、人間と自然との物質代謝——つまり人間の生活を媒介するために自然が必然的に与えた永遠のものである。

人間は労働するといっても、当然無からすべてをつくり出すわけではない。自然にあるものを加工する。その意味で労働は、富の唯《ただ》ひとつの源泉ではない。もっとも重要な源泉は土地である自然である。

労働はその父であり、土地はその母である。

ところが、商品生産社会の労働はこうした労働とちょっと違う。自然に働きかけ、使用価値をつくるというだけではない。それを交換するための価値をつくり出す社会である。その労働は、具体的な労働ではなく、人間労働という抽象的なものを意味している。そこで問題になっているのは質ではなく量である。

価値を生む労働をしているか?

人間労働が量として現れると、当然のことながら、質の違いではなく、量の違いが問題になります。もちろん賃金として受け取る量ではなく、抽象的労働として支出するものの違いです。何も知らない労働者より、いろんなことを学んだ労働者のほうが少なくとも大きな価値をつくる。単純労働と複雑労働の違いがまさにそれで、当然ながら労働者といっても、いろんな労働者が生まれる。

商品生産社会で重要なことは、有用な労働をしているかどうかではない。価値を生む労働をしているかどうかということです。ここに二つの社会の大きな違いがある。商品生産社会の労働は二重になっている。非商品生産社会には二重性がなかったのですが、商品生産社会にはこの二重性がある。マルクスが発見したといったのは、二重性と同時にこの歴史的な相違です。

商品生産社会に暮らす人々はこのことに気付かない。これが永遠の世界だと思っている。実はそうではない。『資本論』の最初の草稿である『経済学批判要綱』はこの歴史から始められていて、非常に詳しく書かれてあります。なぜ、そうした書き方をやめたのかというと、それでは理論にはならない。あくまでも理論の背後にあるものだからです。しかし、理論だけでは説明が十分ではない。さらりと触れたのはこのためです。

そして、最後にこう結びます。

一方で、労働はすべて生理学的な意味で人間労働力の支出である。そして、同じ人間労働である点、また抽象的に人間労働という性質をもつかぎりで、労働は商品の価値を形成しているのである。

また一方で、すべての労働は特殊で、ある決まった人間労働力の支出である。こうした具体的な有用な労働をもっているという点で、使用価値を生産するのである。

第3節　価値の形態または交換価値

貨幣の謎に迫る

この節は少々長い、しかももっとも『資本論』で難解なところです。言いかえればマルクスがもっとも苦心したところでもあります。なぜかといえば、商品から貨幣を導出するからです。

貨幣を見てそれが商品だと思う者はない。労働力を商品であると見る者もいないが、貨幣を商品だと思う者もいない。このからくりを説明することは難しいことです。しかしすべてが商品に還元されるといっているのですから、この難問をクリアしなければ、そこから生まれる資本、そして資本が動かす労働力商品の謎もわからない。まず大きな山というわけです。

マルクスは、商品というのはまったくつかみどころのないものであると述べます。使用価値なら簡単に理解できるが、その商品のどこを叩いても価値などというものは何も出てこない。だからどうしたらいいか、それはほかの商品と対峙《たいじ》させてみたらわかる。

(a) 単純な、個別的な、偶然的な価値形態

価値表現の両極――貨幣の謎〈その一〉

まず、もっとも単純な二つの商品を考えてみようというわけです。

すべての価値形態の秘密は、この単純な価値形態の中に隠されている。だからこそ、その分析は大変なのである。

二つの商品が対峙する関係とは、「X量の商品A」＝「Y量の商品B」という関係です。これから展開することは、すべてこの関係から始まります。だから、すべてこの関係を基礎にするというわけです。

ここでマルクスの難しい言葉が出てきます。「相対的価値形態」と「等価形態」という言葉です。重要な概念ですが、簡単にこう考えてください。価値を測るのが等価形態、価値を測ってもらうのが相対的価値形態だと。

この式は、X量の商品Aが、Y量の商品Bでも表されるという意味です。だからX量の商品Aは、自らの価値と等しいY量の商品Bを等価形態として使いながら、自分の価値を測ります。その意味で商品Bによって測られる価値の形態のことを相対的という言葉で表現します。

なぜ二つを区別するのかというと、価値を測る商品Bという等価形態は、普通の商品と違って、その素材で価値を測ることで、商品Aとまったく違った役割をしているからです。

相対的価値形態――自らは何であるかわからないもの

自らの価値をほかの商品の使用価値で測る相対的価値形態を説明します。

商品Aをあなた自身の学力と考えてください。自分のレベルはどの程度なのか。B君と比べてみよう。B君の偏差値が五〇とすれば、あなたの偏差値は五〇だとわかります。こうやってすべての人間は比較によって位置づけられます。商品も同じで、一つの指標である、ある特別の商品を使って価値を測る。すべての商品の価値がこの商品によって決まる。ようするに商品は、ほかの商品と比較されたときにのみ、価値を表現するということです。

次に、いつも価値を測るために使われる商品とは何か、それが等価形態です。マルクスはリンネルと上着という商品をおいていますが、リンネルが上着で測られれば、リンネルは相対的価値形態をとり、上着は等価形態をとる。このときの二つの役割はまったく違っていることを理解することが重要です。上着は上着という素材でリンネル価値を表現しているわけです。

こうして、価値関係を通して、商品Bの自然形態は、商品Aの価値形態となる。あるいは、商品Bの身体は、商品Aの価値を映す価値の鏡となる。

ここで注意すべきは、一方の価値が他方の使用価値であることです。リンネルを測る上着の使用価値は、価値を測ることだということです。

つぎに、上着がどれほどのリンネルの価値を表現するかという量の問題を扱います。二〇エレのリンネルが一着の上着に等しいということは、質ではなく量を表しているわけです。これは、その生産に必要な労働時間を表しているわけですが、生産力の変化とともに、当然ながらこの量の関係は変わってきます。

等価形態——他のものを何であるか示すもの

マルクスは、つぎに価値を表現する上着について詳しく語ります。上着は自らの使用価値で価値を測るということです。これが第一の規定。

すなわち使用価値が、その反対のものの現象形態――価値の現象形態になるということである。

ここに等価形態の秘密があります。相対的価値形態と等価形態は、商品が表す社会関係を表現しているのですが、上着とリンネルの例では、なるほどこうした関係かと理解する者でも、等価形態そのものである貨幣を見たとき、それが社会関係を表現しているなどとは思わない。等価形態とは一般には貨幣のことなのですが、貨幣がいくらであると計算する中で、そこにどんな社会関係があるのかという問いを立てる者などいない。それが貨幣を謎たらしめているのだというのです。どこから貨幣が生まれたのかというと、こうした社会関係の表現として生まれたのですが、誰もそれに気付かない。

そのことをこう表現します。

このことから貨幣形態の謎が生まれるのである。だからこの形態が、完成した形で貨幣となって経済学者の前に現れたとき、はじめて経済学者は、ブルジョワ的な曖昧《あいまい》さでこの

貨幣に驚くのである。

こうして経済学者は、金や銀の神秘的な性格を明らかにしようと、金や銀を光り輝くことがない商品に置き換え、すべて価値のない商品でその時々に商品を測る役割を演じたものの目録を楽しそうに作成するのである。

経済学者は、「リンネル二〇エレ＝上着一着」というもっとも簡単な価値表現が、すでに等価形態の謎を解くカギであることをまったく想像すらしないのである。

ここでもうひとつ重要な規定、すなわち等価形態であるリンネルを作る具体的な有用労働とは、価値を創る労働であるという第二の規定が出てきます。

等価形態の第二の特性は、具体的な労働が、その反対物、つまり抽象的に人間的な労働の現象形態となるということである。

そして、この等価形態をつくる具体的労働は、私的な労働であるが、価値を測ることで社会的な労働となるわけです。こうして第三の規定が生まれます。

第三の特性は、私的労働がその反対物の形態、つまり直接に社会的な形態における労働になるということである。

等価形態と相対的価値形態との違い

商品と商品とが対峙したときに生じる関係が発見されました。すなわち、一方の使用価値は他方の価値であること、一方の具体的労働は他方の抽象的労働であること、一方の私的労働は他方の社会的労働であるということ。

この関係こそ、商品の謎にせまる重要な概念となります。まさにこの交錯《こうさく》の中に、人類の前史たる共同体的世界と商品生産社会の区別が織り込まれ、資本主義世界の謎を解く大きなカギとなっているわけです。貨幣商品、労働力商品についても、当然このクロスが問題になっていきます。

(b) 総体的あるいは拡大された価値形態

この関係をさらに展開してみると――貨幣の謎〈その二〉

単純な価値形態を理解すれば、そこから展開される価値形態も比較的楽にわかるわけです。マルクスは、そこからなぜ貨幣という商品が出てくるかを、三つの段階に分け説明します。

拡大された価値形態とは何か。それは以下のように等式で表される式が複数に拡大したものです。

二〇エレのリンネル＝上着一着
＝茶一〇ポンド
＝コーヒー四〇ポンド
——

たとえば一商品リンネルの価値は、商品世界の他の無数の商品で表現される。他のすべての商品は、その体によってリンネルの価値を映す鏡になる。こうしてリンネルの価値自身は、はじめて人間労働が無差別に凝固《ぎょうこ》したものとして出現するのである。

二つの商品について言えたことが、無数の商品についても言えることで、リンネルという商品の価値は、他のすべての商品で説明されることになります。だからリンネルは商品として無数の他の商品と向かいあうとき、孤立した市民ではなく、すべての商品を結ぶ「世界市民である」になったというわけです。

無数の商品をひとつに束《たば》ねるものの秘密

こうしてリンネルがすべての商品と交換されることが可能になったことで、単純な価値形態にあったような偶然性という問題が消えます。交換はもはや偶然に起きたのではない。偶然ならば、その交換比率もそれぞれの欲望に反映されるわけですから、偶然に決まるはずです。しかし、無数の交換が可能であるということは、無数の人間の欲望の偶然によって決められるものではないということになります。

その背後には、この等式を裏付ける、共通の、ある決まったものがあるということが明らかになります。拡大された価値形態からこそ、背後に人間労働が隠されていると言えるわけです。つまり等式をつくっているのは偶然ではなく、価値だということです。

先ほど、マルクスは交換価値から価値を導出するにあたって歴史的説明を置いたと言いましたが、ここで改めて理論的な意味での価値の存在を導出しています。この複数の等式からは商品相互を結ぶ価値という通約物《つうやくぶつ》の存在が必然的に出てくるわけです。

とはいえ、この関係はまだ十分ではありません。リンネルという主語がほかの無数の商品である述語に等しいということの形態では、リンネルの価値とは本当は何なのかということが永遠にわからないからです。いったいリンネルの価値とは何なのか。

僕の偏差値はB君とも同じ、C君とも同じ、そして——君とも同じ。しかし、いったいどれくらいなのか。これが不明である。

(c) 一般的価値形態

メジャーという社会的存在——貨幣の謎〈その三〉

そこで次の等式が出現します。

上着一着
茶一〇ポンド
コーヒー四〇ポンド
——
=リンネル二〇エレ

さっきの等式をまったく逆にしたわけです。つまり主語と述語を入れ替えた。二〇エレのリンネルが上着一着などに等しいというのではなく、上着一着、茶一〇ポンドといったもろもろの商品が、二〇エレのリンネルに等しいと。今度のリンネルは、すべての商品の価値を自らの使用価値で表現しているわけです。リンネルは、すべての価値を自らで表現するという意味において、総合的、一般的な価値形態である。ひとつの客観的なメジャー（物差し）としてすべての商品を測る道具になっている。二〇エレのリンネルと等しければ、無数の商品は立派な価値をもつことが証明されるわけです。

僕の偏差値が五〇であるとすれば、その僕と等しい成績のA君、B君なども僕と同じ偏差値五〇であり、それはとりもなおさず全国において平均的な成績であるという価値を意味しているわけです。僕はさしずめメジャー（物差し）という社会的存在です。しかしこのときの僕は、もはや偏差値を測る道具としてのみ存在しているのであって、どこの大学に受かるかなどという受験生としての主体的な意図は消滅し、ただ他人のレベルを測るだけの道具となっているわけです。その意味で僕は受験の世界から排除されている。

商品の世界から排除されたもの

リンネルという商品も同じことで、その仕事といえば、他の商品の価値を測ること、つまり商品世界から排除されているわけです。

こうして排除された商品であるリンネルは、まさにそのことによって商品生産の神秘をそのまま体現している。つまりリンネルはリンネルではなく、他の商品の価値、すなわち人間労働を体現しているわけです。

こうマルクスは書きます。

この形態は、人間労働すべてを目に見える体現物《たいげんぶつ》として表現する一般的、社会的な蛹《さなぎ》の役割を担う。機織《はたお》りというリンネルを生産する際の私的な労働は、それと同時に一般的な社会的な形態、つまり他のすべての労働と等しいという形態にあるのだ。一般的価値形態を成立させる無数の方程式は、リンネルに体現されている労働が、それぞれほかの商品に含まれる労働の一般的な現象形態であることを表現するのである。

こうして、商品価値に体現化された労働は、現実の労働というあらゆる具体的姿と、有用であるという本質から引き出された労働として、たんに消極的な意味で示されるわけではない。むしろそれ自身の積極的な性格を明確に表現しているのである。現実のすべての労働を、それと等しい人間労働の性質に、人間労働力の支出に、還元しているのである。

労働貨幣批判

さてこの後、マルクスは宿敵であるフランスの社会主義者プルードンをその注の中で批判します。

リンネルが一般的等価形態となるのは、商品の中から排除されたとき、僕という人間が友人の成績を測る客観的尺度となるのは、僕が受験をやめたときである。社会にいながら社会から排除された社会的存在、この特殊な存在である一般的等価形態を理解してないとどうなるか、それはプルードンのような考えになる。

批判の骨子はこうです。商品なら何でも一般的等価形態になれるのかどうかということです。実はマルクスはここまでは普通の商品リンネルにその役割を与えているのですが、次に見ればわかるように歴史的にも、理論的にも無理。あくまでも説明のために使っているだけです。リンネルの価値は等質ではないし、切り刻むことでその価値を表すことなどできないので、一般的等価形態にはならないのですが、説明には使える。

さて、プルードンはまさにこのリンネルの説明の例をとって、どんなものでも一般的等価になれる。だから貨幣などいらないのだと主張するわけです。いわば一般的な等価形態の本質である労働時間で測ればいいということです。しかしこれは、コインの裏表、一体のものである。これは、マルクス的に言えば「あらゆるカトリック信者を法王にできると思いこむ」ように、なんでも貨幣の代わりになるのだから、労働時間を貨幣の代わりにしたらいいと考えるようなもので、結局それは無理だとマルクスは一蹴します。

(d) 貨幣形態

金《きん》という特殊の自然形態——貨幣の謎〈その四〉

こうして商品生産社会では必然的に、貨幣が一般的等価形態たらざるをえない原因について説明します。まず等式を出します。

リンネル二〇エレ
上着一着
茶一〇ポンド
コーヒー四〇ポンド
――――
＝金《きん》二オンス

リンネル二〇エレが金二オンスに代わっただけなのですが、ここには大きな違いがある。それはあらゆる商品の価値を表す形態が、社会的習慣によって最終的には金という特殊の自然形態におさまったということです。しかしこれは重要です。

マルクスはまた、ここでも理論の中に歴史を挿入《そうにゅう》している。なるほどリンネルと上着の等式を置いて理論的に価値の形態を説明したのだが、歴史的に見れば、すでに前もって商品と対峙するのは金であることが決まっているというのです。もちろん最初は商品としての金ですが、次第に貨幣商品としての金になる。貨幣が金になったとき、この形態は貨幣形態となる。まったくこれまでとは違ったものになるわけです。

どうしてマルクスは歴史的な説明を最初から置かなかったのか、ということが問題になりますが、理論的に説明しながらそこに歴史を入れるというのは、マルクス独自の方法であり、まさにこうした側面からでしか資本主義社会は説明できないからです。

理論的にいえば、プルードン派のように何でも貨幣になりうる。ならば労働時間で測ればいい。しかし歴史はそうなっていない。理論的には、法王には誰でもなれるはずであるが、しかし法王になれる人間は決まっている。金が貨幣であるのは偶然ではない。金でなければならなかった。まさにそこに次の「物神性《ぶっしんせい》」の問題が出てきます。

商品、労働、貨幣すべてに同じことが言える

さて、ちょっとおさらいしてみます。この三つの節までの説明方法はこうです。商品の中には交換価値と使用価値がある。交換が成り立つのは偶然だが、一連の交換が成り立つのは、そこにそれを通約できる人間労働があるからだ。いいかえれば商品世界は、人間労働によってできている。

その人間労働にも、使用価値をつくる労働と価値をつくる労働があり、前者は有用労働、具体的人間労働、私的労働、後者は一般的労働、抽象的人間労働、社会的労働を表している。こうして商品には人間労働が刻まれている。

そして、商品の中でも特殊な貨幣商品の話をします。一連の商品交換の中で、なぜすべての商品を測る特殊な商品が生まれるのか、そして生まれると同時に商品の中にある人間労働などはすべて消え、金何グラムということだけが商品の値打ちを決めてしまうのかという問題に挑みます。結局これも分析の結果、人間労働が体現されたものであることがわかります。

こうして商品、労働、貨幣すべてに同じことが言える。つまり、使用価値と交換価値、具体的労働と抽象的労働、価値形態と等価形態をもつことが。この二重性を示すためにマルクスは長々と説明してきたわけです。しかし、この二重性こそ『資本論』を読み解くもっとも

重要なカギのひとつなのです。

第4節　商品の物神的性格とその秘密

王者になり、すべてを転倒させる貨幣の謎

マルクスは冒頭に突然机の例を出します。机を机として見たら、不思議なところはひとつもない。しかしそれが商品となると不思議なものとなる。

机はもはや自分の脚で床に立つだけではなく、他のすべての商品に対して頭で立っている。そして、机はその頭で妄想を展開する。それは机が踊り出すことよりもはるかに不思議なことである。

机は、まさに机自身が考えるかのように、自らの頭でほかの商品と自分を比較する。机自身をつくるためにいろんな人の手が入っていることなど、もはや少しも気に掛けない。意味

はまさにそういうことですが、本来そこに投入された具体的な労働とは別に、人間の血と汗も入っている。これが商品生産社会では価値として現れるのですが、それすらもおかまいなく、机という商品は、ほかの商品といくらの値段だから等しいという数量で相並ぶことになります。

認識の問題を考えてみよう

マルクスは一九世紀後半に問題になる現象学的な問題にも関連する意味深な表現をします。

こうして、あるものが視神経に光として刻印したものは、視神経自身が主観的な刺激として受け入れたものではなく、眼の外にあるものが勝手に対象化したものとなる。しかし、見るということは、光があるものから、つまり外の対象から、ほかのあるもの、つまり眼に対して投げかけられるということである。それは物理的なものと、ものとの間の関係である。

これに対して、商品形態とそれが表現される労働生産物の価値関係は、物理的性質やそこから出てくる物的関係だけではまったくどうすることもできないものである。後者の場

合、人間に対するものの関係が幻想的形態を取っているのは、人間自身の特定の社会関係そのものだからである。

認識論という次元で見れば、マルクスの理解はやはり一九世紀のレベルにあるわけです。物理学的世界においても、眼に映るものが光という外の刺激によって刻印されているだけだという議論は、今ではなされないわけですね。脳科学の発展によって、どう認識するかという主体の側の問題も議論されている。ものが何かを表そうとしているレベルと、それをどう人間が理解しようというレベルは違う。だから商品のレベルと同じことが言える。

物理的世界の議論は実は商品の問題と同じことです。商品はまさにそれが価値として現れることで、人間的なものであることが失われ、貨幣というものに等価されることで、すべての関係が逆さまになっている。

なぜ転倒するか？

マルクスはこのことを物神崇拝といいます。なぜこうした倒錯が起こるのか。それは、商品生産社会においては、人間の個々の私的労働の生産物が市場を通じて配分されざるをえないという点にあります。この市場において、すべての具体的な労働は、すべて価値に還元される。個々の有用な労働はそれ自体、何の意味もなさないようにみえる。しかもこの価値を表すものは貨幣である。ますます神秘のベールに包まれる。マルクスは象形文字という言い方をします。

人間は自らの社会的生産物の秘密が何であるか知ろうと、この象形文字の意味を解こうとする。なぜなら使用対象の価値としての規定は、言語と同じく、社会が生み出したものであるからだ。

労働生産物が価値であるかぎり、その生産に支出された人間労働の物的表現にすぎないという後の科学的発展は、人類の発展史上画期をなすものである。

それだからといって、それで労働の社会的性格の対象的な外観が消えてなくなるわけでもない。商品生産社会にどっぷりと漬《つか》っている者にとって、この特別な生産形態、つまり商品生産社会でのみ行なわれているもの、すなわち相互に独立した私的労働の特殊な社会的性格が人間労働として等しいということや、労働生産物が価値的な性格をとるということなどは、こうした発見があろうとなかろうと、当たり前のように見えるのである。

それはちょうど、空気を科学的にその元素に分解したとしても、物理学的な物的形態としての空気の内容がまったく変わらないのと同じである。

なぜ、この貨幣の神秘が見えないのか？——作られた神話、ロビンソンの話

なるほどマルクスが行なったように、この商品生産の謎をいくら解いてみたところで、そこに身をどっぷりとおいているものにとって、何かが変わるものではないということには納得できます。「なんだかんだといっても結局は金だろう」という言葉はまさにそうです。物神的であるという批判をしたところで、結局その商品がいくらになるかということに関心が向かう。だからブルジョワ経済学はこのことを見ようとしなくなるというわけです。

ここでマルクスはロビンソン・クルーソーの話をします。ブルジョワ経済学はロビンソン・クルーソー物語が好きである。なぜか。それは事実としての歴史ではなく、理論としての歴史だからです。マルクスが丹念に調べたような過去の歴史ではなく、現在をいわば正当化するために現在から過去を読み込んだ歴史だからです。

ロビンソンは人間社会の原始モデルとして登場します。一八世紀の資本主義的知識をもったロビンソンにとって、島での生活はたんに一人というだけで、発想からすべて資本主義的なものです。毎日の労働時間などはまるでロンドンにいるかのように規則的です。これが人類史の出発点であったとすれば、商品生産社会は昔からあり、これからも永遠だということになります。なぜなら昔からロビンソンのような人がいたからだと。

実際にあった過去の物語

マルクスはここで中世を引き合いにだします。能天気な南の島という仮想空間ではなく、現実の歴史の中の中世です。この世界は、商品生産の社会とはまったく違う。農産物の現物地代《ちだい》、賦役《ふえき》労働など、彼らの労働の社会的関係は人的関係系として現れていて、現実の世界を物で包み隠すことはないといいます。

マルクスは二つの社会を比較することで、物神崇拝の時代、すなわち商品生産社会の時代の特殊性を暴きだし、それを逆に特殊の時代と規定するわけです。『経済学批判要綱』（一八五七～五八年草稿）でもっとも力を入れて書いていたこの部分が、実は『資本論』では本格的には語られないで、時々顔をのぞかせるだけになります。しかしこれこそ、理論の陥る自《じ》家撞着《かどうちゃく》を消し飛ばせるための隠し玉になっているのです。

第2章　交換過程

商品交換の背後に人間がいる

この大変短い章でマルクスは、商品の背後にいる人間、すなわち商品所有者に注目します。これまで商品交換には商品しか登場しなかったわけですが、ここで商品を所有している所有者を登場させることで、交換が起こる原因を説明します。商品所有者は自分でその商品を使う意志がなく、他の商品が欲しいから交換するわけです。

とはいえ、自分の欲しいものを見つけるのは簡単ではない。それはどの商品所有者も同じです。だからこそ商品所有者は、とりあえず欲望の結実たる一般的等価形態たる貨幣を必要とするわけです。

他の商品すべての社会的行動によって、その商品の価値を一般的に示す一定の商品はそこから除外される。こうして、この商品の自然形態は社会的に用いられる等価形態となる。一般的な等価であることが、社会的過程を通じてこの除外された商品の特殊な社会的機能となる。

こうして商品所有者は、自らの商品を売るために余剰生産物を市場にもっていく。そこに商品が発生する。商品は共同体内部にはない。共同体内では交換は直接的である。ではどこで商品は発生するか、それは、「**共同体と共同体とが接触するところである**」。あまりにも有名な言葉ですが、ここに商品生産の社会とそうでない社会との境界線があるわけです。しかし一度この線を越えると、それはやがて共同体の内部に商品生産をつくり出すことになります。

歴史的に貨幣はどうやって決まったか？

商品から除外される商品は貨幣ですが、マルクスは、ここでその貨幣は歴史的にどんなものであるか、あるいは理論的にどんなものであるかを説明します。理論的にはどんなものでも構わない。偶然である。しかし実際には二つの事情が決定するといいます。まずは共同体の外にある重要な交換品目であること、もうひとつは遊牧民が運ぶ主要な生産物である家畜などのようなものであること（時には人間奴隷）。これは歴史であり、理論とはずれているわけです。

実際貨幣の座に就《つ》くのは何でもいいわけではない。神的な意味をもつ子安貝《こやすがい》のように商品交換以前にある意味では商品から排除されているものが必要である。次の第3章の『貨幣または商品流通』では具体的な内容が語られるのですが、金や銀に落ち着くようにできている。それ以外ではない。さしあたり金と銀は、まず量的に分割でき、合体でき、かつ質が変わらないものであるという条件を満たすものだということです。

そして貨幣たる金や銀は、商品としてそれが産出される地域での労働の量によって価値を表現されているわけです。しかしそのことは簡単には見えない。だから根源に労働があるということは見えないで、商品は金や銀がどれくらいの重さかというだけで、その価値がどれほどのものであるかと思うようになるわけです。

ここに貨幣の魔術が生まれるわけです。

第3章　貨幣または商品流通

貨幣の役割

この第3章でマルクスは、貨幣について詳述します。貨幣の機能を大きく、価値尺度、流通手段、貨幣と分け、貨幣がどのような意味をもつかを詳述するのです。

商品から導出した貨幣をどう位置付けるかは、大きな問題で、これがうまくいって初めて、貨幣から資本を導出することが可能になります。貨幣が商品であることがわかっただけでなく、資本もその延長線上に置かれることで、そこからまさに『資本論』の真骨頂《しんこっちょう》である、資本主義の価値増殖の謎の解明がはじまるのです。

第1節　価値の尺度

価値を測る道具としての貨幣

まず貨幣は金だと置いた上で、貨幣を知る上での重要な注意を書いています。

商品は貨幣によって等しいものとなるわけではない。逆である。商品はすべて価値として対象化された人間労働であり、それ自体として等しいものだから、その価値を同一の特殊な商品で共通に測り、それによってこの商品を共通の価値尺度、または貨幣に転化することができるのである。価値尺度としての貨幣は、商品の内在的な価値尺度である労働時間から必然的に生まれる現象形態である。

ようするに、外見上は貨幣によって商品が共通の価値をもつようにみえるが、実際は労働によって等価になっていることを忘れるなということで、貨幣はこの価値を表す尺度にすぎないということです。だから最初に価値尺度が問題になるというのは当然ともいえるわけです。

価値を測るということは、頭の中でそれがどのくらいであるかという物差しの役割をすればいいということです。実際の金などなくてもいい。いくらであるかということがわかればいい、観念的な貨幣であるといいます。

価値ではなく、価格を測る貨幣

ここで微妙な言い方の違いに気を配らねばなりません。価格の尺度と価値の尺度という言い方です。

価値の尺度として、また価格の尺度基準として、貨幣はまったく二つの違う機能をもつ。貨幣は、人間労働を社会的に体現したものとして価値の尺度であり、一定の金属の重さとしては価格の尺度である。

金は極めて薄くすることも、厚くすることもできる。金と金との間には質的な相違はない。もちろん金の生産量によって価値変動はあるが、それは金相互の価値を変えるものではない。だから尺度としての機能を変えるものではない。

マルクスは、銀の重さであったポンドが金の重さを表すに至った歴史を振り返りながら、名称変更は本来の問題を変えないことを確認し、もっと重要な問題を提起します。それは価値と価格との相違の問題です。

価格は、価値と照応していない。労働は価値の内在的尺度で、貨幣は外在的尺度だという場合、まさにこの分離をいっている。価値がなくとも価格がつく場合もある。しかしこうした分離は、価値の尺度としての機能を損なうものではないわけです。

第2節　流通手段

(a)　商品の変態（メタモルフォーゼ）

商品を媒介する貨幣

変態という難しい言葉から始めるのですが、言葉自体にたいした意味はありません。ようは商品と商品との交換が貨幣を媒介にして行なわれるとしても、商品自体はやがて消費され消えていくわけで、そうした物質代謝過程を説明することはここでの課題ではありません。むしろ商品が交換されていく中で、それを媒介する貨幣が転々と変化しながらも生き残っていくという点にこの言葉の意味があります。

変態とは、商品がまず貨幣になること（首尾よく売られること）、次に貨幣が商品になることを意味します。ここで、その変態の様子を、「W―G―W」という等式で表現します。

Wは商品（Ware）、Gは貨幣（Geld）の頭文字です。

まず、外に出た商品は最初の試練に遭遇します。その商品が価値に見合う立派な商品として市場で売れるかどうかです。「まことの恋はままならぬ」（シェークスピア）とマルクスは言って、命がけの飛躍を分析します。実際市場では商品は買い叩かれることもあるし、価値以上に高く売れることもある。ただ問題は、この商品の価値は市場で実現してしかわからないことです。しかし何年もやっていると、おのずからこの商品の社会的必要労働量はわかるというもの。

この命がけの売りの過程を別の側から眺めると、それは買いの過程である。だから一方が「W—G」を行なうと、他方は「G—W」を行なっているわけです。さてこの過程は、お互いものを買う人がその商品にはどれほどの使用価値があるかを値踏みする過程であるのですが、実際に売買が成立してしまえば、そこに残るのはいくらであったか、つまり価値がどれくらいであったかだけです。

次に、「金を持った人がある商品を買う」という変態であるG—Wを説明します。これは命がけの飛躍ではない。「お里がどこであろうと、お金には臭いがあるわけではない」。こちらの過程はすんなりといく。

貨幣による売りと買いの難しさと売れ残り――恐慌《きょうこう》の可能性

こうして貨幣は売りと買いを媒介しながらそこに留まる。原則的にすべての商品が売れるとしたら、この過程は均衡しているはずです。セーの販路《はんろ》説（すべての商品は必ず売れるという議論）のように、商品は自ら販路を切り開くとすれば、そこに売れ残りの問題はない。しかしマルクスは、この商品変態の中に最初の矛盾の可能性を開きます。恐慌の可能性の問題です。

売りと買いという、二つの過程の独立がある点まで達すると、二つの過程の統一は強力に「ひとつの恐慌」を生み出す。

商品に内在するこの対立、使用価値と交換価値、同時に直接に社会的な労働を表さねばならない私的労働、同時にただ抽象的な一般的労働である特別な具体的人間労働、ものの人格化と人の物象化――という内在的矛盾は、商品変態の対立の中でその発展した運動形態をもっている。

だから、この形態は、恐慌の可能性を含んでいる。しかしながら、それは可能性でしかない。この可能性が現実になるには、単純な商品流通の立場からはまだ展開できていない関係が、展開するのを待つ必要があるのだ。

わずかな可能性ですが、商品生産のこの単純な売り買いの中にも、作りすぎや売れ残りという問題から生ずる恐慌の可能性があるということになります。しかし、あくまでも金融制度などを分析しない限り、この可能性はそれ以上に出ないというわけです。

(b) 貨幣の流通

いったいどれくらい貨幣は流通すべきか？

売りと買いの連続によって、貨幣を媒介することで貨幣があるから商品が流通するのであり、商品交換があるから貨幣が流通するというのではないと、見えるようになります。そうなって初めて貨幣のただ商品を媒介するだけの流通手段としての機能が見えてくるわけです。

貨幣が商品を流通させるには、いったいどれくらいの貨幣が必要か、いわゆる流通必要量の問題がそこからでてきます。一国の貨幣量はどれくらいか。現在のような信用貨幣の場合、それ自体が価値をもっていないわけですが、それでも商品の流通量に応じてどれくらいの流通量が必要かは重要な問題です。預金通貨、手形などの有価証券も入りますので、ことはそう簡単ではない。

もっともマルクスはこの議論にあまり深入りするつもりはないようです。価格上昇や貨幣価値の低下などの問題は、この段階でとやかくいう問題ではない。だからこう述べています。

「この前提のもとでは、流通手段の量は、実現せられるべき商品の価格総和によって規定される」と。

そして、「(ある期間に流通する商品の総価格)÷(同一名目貨幣の流通回数)＝(流通手段としての貨幣の量)である」という式が出てきます。

しかし、貨幣の流通必要量は問題の本質ではない

この議論は、一八世紀のヒュームの貨幣数量説(貨幣価値はその価値ではなく数量で決まる)以来それとして意味があるのですが、問題は実はそこにはない。ようは、こうした問題に気をまわさず、貨幣が労働の量を表現していることを忘れるなということです。

流通手段の量が流通する商品の総価格と貨幣流通の平均速度によって決まるという法則は、次のようにも言える。

つまり、前提として商品の価値総和を与えられたものとし、その変態の平均速度も与えられたものだとすれば、流通する貨幣、貨幣材料の量は、それ自身の価値に依存するということである。

逆に、商品価格が流通手段の量によって決まり、流通手段の量は一国にある貨幣材料の量によって決まるのだという幻想は、それを代表する論者によれば、商品には価格はなく、貨幣は価値なく流通過程に入り、ここで商品の一部が金属の山の一部と交換されるというのだ。

流通する貨幣の方程式を覚えると、夢中になってそれをいじり始めるのですが、いつのまにか、貨幣には価値はいらない、商品も価格なんてない、この方程式によってすべてが決まるのだという錯覚に陥る。

最近、金の市場価格が上昇しているのですが、それは昨年の不動産恐慌で金融がぐらつき、貨幣価値が下がっているからです。不安な資産家はやはり金を求めているわけです。今でもやはり貨幣は金であることを忘れてはいけません。

(c) 鋳貨《ちゅうか》、価値標章《かちひょうしょう》

貨幣が価値から離れるとき

やがてこうした錯覚が現実となるときが来る。それは貨幣が金から離れるときです。もちろんこれは信用貨幣のことではありません。商業信用、銀行信用から発展してくる信用貨幣と、ここでいう鋳貨、価値標章は別ものです。

流通する金貨は、貨幣として鋳造《ちゅうぞう》されねばなりません。しかも流通するとどんどん重量が減ってくる。悪貨は良貨を駆逐するというのは当然の歴史。一〇ポンド金貨を獲得した者は、それをこっそりと研磨《けんま》するからです。この磨滅《まめつ》を支えるためにたえず入れ替えねばならない。

まさにこのことが、ある意味では国家に強制通用力を保証することになります。若干磨滅した金貨が流通していることは、その通貨が名目通りの価値を表していないことです。その結果、名目通りの交換が行われているとすれば、それは国家による権威があってのことということになります。実際金貨の代わりとなるつり銭などの、価値の低いコインは、名目通りの価値を含んでいないわけです。こうして鋳貨のなかに価値通りでない通貨が流通し始めます。

その経緯でもっと価値を表さないものが流通します。それが価値標章というわけです。国家がその権力において強引に流通に投下するもの、それが国家紙幣です。これは国家が外部から投入するものです。しかし、むやみにそれを投入することはインフレを起こすわけで、基本的にはその発行量は、金の量に一致しなければならないわけです。その限りにおいて金を代替している。金の量を代替するかぎりにおいて価値を表す、だから価値標章というわけです。

こうして流通の中で、金が表していた価値がますます見えなくなっていきます。問題はむしろ見えなくなるのです。

第3節　貨幣

生身の価値をもつ貨幣

ここでは貨幣の蓄蔵《ちくぞう》手段としての機能、支払手段としての機能、世界貨幣としての機能が分析されます。ここで登場する金は、価値尺度のように頭の中で測る物差し代わりの観念的なものでもないし、流通手段のように鋳貨や価値標章によって置きかえられるものでもない、金という生身をもった金貨のことが問題です。

(a)　蓄蔵貨幣

流通手段から排除され、流通ではなく蓄蔵のために使われる貨幣が問題になります。

商品を買うためでなく、商品形態を貨幣形態に置きかえるために、商品は売られる。こうした形態の変化は、物質代謝のたんなる媒介ではなく自己目的になる。商品から離脱した姿は、絶対的に譲渡しうる姿となるか、またはたんに瞬間的にしか貨幣形態として機能しなくなる。こうして、貨幣は蓄蔵貨幣になる。

守銭奴《しゅせんど》の貨幣

貨幣を退蔵《たいぞう》する（貯めこむ）社会はインドのような遅れた社会であるとマルクスは説明します。結果として貨幣流通が減少することでデフレとなり物価が下がる。しかし、商品を買うためには貨幣をもっていなければならないわけで、もっぱら金産出国でもないかぎり金を蓄積しておかねばならないわけです。一種の外貨準備金のようなものです。だから錬金術ならぬ金への黄金欲が起こるのは当然であるというわけです（第24章の『いわゆる本源的蓄積』でその歴史をマルクスは取り上げます）。

もちろん現在でも金蓄蔵者はいて、盛んに蓄積しているわけです。こうした蓄蔵の問題について、のちにケインズは流動性を阻止する問題として位置付けたのですが、貨幣価値が不安定であったり、国家の信用が不安定であったりすれば、いまでもすぐに金の退蔵が始まる点では昔の人々を馬鹿にできません。なぜなら金は価値の内容をそのまま表すがゆえ、それだけ魅力をもつからです。

(b) 支払《しはらい》手段

最後に登場する本物の貨幣

支払手段は、手形といった商業信用の発達という点で重要な契機をなすのですが、当面その内容についてマルクスは扱いません（このことは一八九四年にエンゲルスが編集して出版された第3巻の中で扱われます）。そうした船荷証券のような信用発生の原因になる条件、すなわち商品の売り渡しが時間的に分離される場合をあげます。

遠隔地の貿易によって売買の実現が遅れる。手形なら、とりあえず手形を受け取り、その手形を支払期日に落とす。こうした商業信用の関係はここで問題になっていないとしても、貨幣は、支払われるまで現金の形では存在しなくてもいいわけです。

しかし、支払われるとき貨幣がなければ大変なことになります。支払手段としての貨幣は、流通の断絶を一気に引き起こす可能性を秘めています。売りと買いの単純な断絶とは別に、売買後に起こる大きな断絶も恐慌の可能性を秘めています。

支払手段としての貨幣の機能は、媒介しないという矛盾を含む。支払いが相殺されるかぎり、貨幣は、ただ観念の上で計算貨幣、あるいは価値尺度として機能するだけである。貨幣は、流通手段のような、現実の支払いの間だけ、ただ物質代謝を消滅させる媒介的な形態として現れるのではなく、社会的労働を体現したものとして、交換価値をもった独立した存在、つまり絶対的な商品として出現するのだ。

この矛盾は貨幣恐慌と商業恐慌のある局面で頂点に達する。貨幣恐慌が発生するのは支払いが継続的に連鎖し、決済の人工的組織が高度に発展している場所だけである。

ただひとつの富である貨幣

これまでどうでもよかった金貨への需要が突然起こることを次のように表現します。これは今でも起こりうる事実ですから、その文章を引用します。

この機構が全般的に麻痺《まひ》すると、その麻痺がどんな場所で発生しようと、貨幣は、突然かつ媒介もなく、計算貨幣のような観念的に存在する姿から硬貨に変わる。貨幣は、通俗な商品では代替できなくなる。商品の使用価値は無価値となり、それ自身の価値形態の前で消える。

ほんのいましがたまでブルジョワは好景気に酔って自慢げに、貨幣などはもはや空虚な幻想だと述べていた。商品こそ貨幣だ。

しかし、貨幣こそ商品になったのである。いまや世界に反響する。鹿が水辺を求めて鳴くように、世界市場はただ一つの富である貨幣を求めて叫ぶ。

結局、支払手段によって貨幣は、相殺されるかぎりにおいていらなくなったわけですが、支払いが滞《とどこお》るとその連鎖はとてつもなく重大なものになる。これは現在でも同じことで、国家が介入できる額で済む間は問題ないとしても、それを超える額になると、こうした事態もありうることを忘れてはいけません。

(c) 世界貨幣

最後はやはり金《きん》しかない

最後に世界貨幣を問題にします。国内において、貨幣は、価値標章や補助鋳貨などに置き換えられたとしても、世界貿易ではそうはいかない。

世界市場で、初めて貨幣は完全に商品として機能する。そして、この商品の自然の形態は、同時に、人間労働一般を直接社会的なものにする実現形態である。

世界市場において初めて金が用いられ、それが金商品という形態をとり、一方でそれは、労働を体現するものだというわけです。実際には、国際貿易で支払手段に用いられる場合が多いわけですが、こうした決済をするには金貨の準備がないと困るのです。

現在の社会では、その役目はドルではないかと思われる方も多いと思われます。マルクス経済学者でも、金貨の時代は終わったという人もいます。

しかし問題は、金貨であるかどうかであるよりも、最終的な決済には労働が体現された実体が必要だということです。

戦後のIMF体制は、人為的に金を使わずドルという信用貨幣を使っているわけですが、金準備不足、あるいは経済的不安定の際、金への回帰は何度も起こっています。原子力発電で事故がないことが、原子力が安全であるのだといえないように、ドルで何とかやってこられたことによって、もはやそれで安全であるとはいえないわけです。ときに何度も金への回帰が起こる。だからアメリカの連邦準備銀行に金の量がゼロであることは現実にはありえないわけです。

こうしてマルクスは、貨幣を分析しながら、貨幣がつねに労働を体現した商品であることを忘れてはならないことを指摘しているわけですが、これは資本を問題にする第3章でも同じことです。

第2編　貨幣の資本への転化

第4章　貨幣の資本への転化

第4章　貨幣の資本への転化

第1節　資本の一般定式

なぜ、資本が生まれるか？

いよいよ資本主義の本丸たる資本の問題に言及します。資本の価値増殖過程にすべての謎が隠されていて、それをこれまで一篇で分析した用語を使ってあぶり出す作業に入ります。

まずこう述べます。

「一般に使われている貨幣」と「資本として使われている貨幣」の違いは、まずその流通の仕方にある。

資本としての貨幣も、貨幣としての貨幣も基本は同じ。違いは、その流通する形態です。流通する形態といえば、まず、前にも出た「W（商品）―G（貨幣）―W」という形態があります。次に、これと違うものとして、「G―W―G」という形態があります。

しかし、後者の形態は理論としては成り立っても、現実には成り立たない。なぜならある商品を買って、それをまた売って、結局同じだけの額のお金を得るなんてことは、現実社会ではありえないからです。

しかし、資本としての貨幣はまさにこれを行なっていることは、間違いないわけです。前者のW―G―Wの場合は、別の商品を買うことで両極の使用価値は違うのですが、G―W―Gの場合、当然獲得する貨幣は、もとの同じ貨幣が戻ってくるわけではないとしても、量が同じである以上、意味はない。むしろ量が違うというのなら理解できるわけです。だからG―W―Gの目的は量の違いだけである。

貨幣は貨幣を増やす――価値増殖

となると、この一般定式は実はG―W―Gではなく、G―W―G'ということになるわけです。「G'」とは、Gと比べて「ΔG」だけ増えたものという意味です。マルクスはこのΔGを「剰余価値」と名付けます。剰余価値とは最初に投下された以上の値のことです。

最初に貸し付けられた価値は、流通する中でその価値を維持するだけでなく、その価値を大きくし、剰余価値を付け加える。つまり価値増殖をするのである。そしてこの運動

が、この価値を資本に転化するのである。

ここで大きな進展がありました。貨幣から始まる循環である資本は、つねに価値増殖を目的とするということです。

これとは逆に、資本としての貨幣の流通は自己目的である。その理由は、価値の増殖はただ絶えず更新される運動の中にのみ存在するからである。だから資本の運動は無制限である。

貨幣の価値増殖を求める資本家

やや先を急いだ文章ですが、すでにこの定式の中に、資本としての貨幣のもつ無限の価値増殖の力を見てとっているわけです。そして、その運動を展開する資本家はこの増殖運動を促進する人格化された資本として機能するわけです。

この止まることのないあくなき利殖《りしょく》欲《よく》を貨幣蓄蔵者と比べます。貨幣をただ死蔵する蓄蔵者が気の狂った資本家であるとすれば、この資本家は合理的な貨幣蓄蔵者であると述べています。前者は貨幣をつねに流通から出そうとするのに、後者はたえず貨幣を流通に投げ出そうとするというわけです。このあくなき利殖欲の資本家について、次のように表現しています。

資本家は、次のことを知っている。つまりすべての商品は、どんなに粗末なものであろうと、あるいはどんな臭いであろうとも、信仰と真理の点から見てそれが貨幣であり、心の中で割礼《かつれい》を受けたユダヤ人であり、なおかつ貨幣によってより多くの貨幣をつくるための奇跡的手段であることを。

（実はこの部分、フランス語版ではこうなっています。

資本家は、次のことをよく知っている。たとえ商品の外見や臭いがなんであろうと商品はすべて「貨幣の信仰と真理」の点で商品であり、なおかつより多くの貨幣を作るための最高の手段であることを。

ここでは、ユダヤ人の割礼云々という文章が削られているのです。他にもユダヤ人に関する文章が出てくるのですが、切り捨てていません。ここだけはあまりひどいというのでしょうか。切り捨てたのです）。

微妙な表現です。初期の「ユダヤ人問題について」（一八四四年）の中で現代社会をすべからくユダヤ的精神の世界だと述べたマルクスは、ここでは商品生産社会の本質そのものがユダヤ的だと述べているのですから。

マルクス自身は割礼を受けたユダヤ人なので、本来のユダヤ人です。だから頭の中でユダヤ人になっただけの擬似的ユダヤ人とは違うはずです。しかし、現代社会はすべからく擬似的ユダヤ社会であることになります。ふたつを分けていることに注意をする必要があるでしょう。

第2節 一般定式の矛盾

等価交換の原則を守らない貨幣の謎

この一般定式の問題は、それまですべて量的に同じ等価交換が行なわれることを前提にしていた商品生産社会の原理からすると、まことに奇妙なことであるということです。しかし、現実に貨幣と貨幣とを等価交換するものは誰もいないという事実。この問題をどう理解するかが本節の課題となります。

だから当然こういう議論が出てきます。そもそも商品交換からして等価交換ではないのだ。あの感覚論で有名なコンディヤックがその典型として引用されます。ようするにいつも安く買って高く売る、これが本質だと。いつも不等価交換だとすれば、マルクスの議論はすべて吹っ飛んでしまいます。この世は詐欺と瞞着《まんちゃく》の世界。ご用心をという次第です。

しかしそうだとすれば買い手はいつも騙《だま》されていることになり、その買い手は、いつか売り手になりますから、騙し、騙される世界。結局、どこかでせしめたものが、どこかでせしめられる世界になる。これでは同じである（泥棒の世界に泥棒はいないとは、マンデヴィルの寓話の世界ですが）。ならば等価交換のはずです。実際ぼったくられると、その店には二度と行かない。納得できないところで買わない。結果は落ち着く。スミスが自然価格といったことはまさにそうです。

しかし、G—W—Gが、実際にG—W—G'となっていることは否定しようもない。この式の典型的な場合は、G—G'です。高利貸資本というもの、お金を貸しつけて利子を受け取る。あるいは遠隔地で珍しいものを買ってきてはそれを高く売りつける商業資本を考えてみましょう。これはまさにG—W—G'です。

なるほど、利潤を生みだすのは、前者においては貸している間に債務者が踏み倒すのではないかという不安に対する慰謝料として、後者にあっては危険を顧みずもってきた危険の代償だといえなくもないでしょう。しかしそれは、不等価交換が特殊な場合に起こることを意味しているにすぎないわけです。

もっとも商品生産社会が一般化するまで、こうした不等価交換があったことも事実です。だから、略奪などの本源的蓄積があった。しかしここではそれを問題にしない。つまり、そのあたりにある普通の人々がつねにそこに剰余価値を生むことをまったく説明していないからです。だからマルクスは特別な例を最初から排除します。

謎はどこから生まれるか？

ターゲットはひとつ、そこにいる普通の人々の取引の問題として取り扱うということです。

だからこそ資本は流通からは生まれない。
そして同時に、流通から生まれることもある。
資本は流通の中で生まれざるをえないが、その中で生まれても困るものである。

奇妙な言い方ですが、こういうことです。高利貸資本や、商業資本の時代に確かにそういうこともあったが、それは商品生産社会の問題ではない。しかもそれによって蓄積した資本が商品生産をしているのだから、ないとも言えない。まるで鶏が先か卵が先かの話です。

ここで、「本源的蓄積」という重要な問題を、なぜ最後に語らざるをえないか。それは、この資本主義のゲームは公正なルール（等価交換）でなされながら、実は最初はそうではなかったという、理論的には解けないことを問題にしなければならないからです。

あえて言う必要もないことですが、金持ちのぼんぼんと貧乏人のあなたが同じようなルールで仕事をしているのに、なぜいつもあなたは貧乏なのかという問題が、氏素性《うじすじょう》の問題を解かないと解けないのに似ています。


貨幣が資本へ転化するのはなぜかということは、商品交換に内在する法則のうえで議論すべきである。だから、等価物の交換こそ出発点である。

まだ資本家として蛹《さなぎ》にすぎないわが貨幣所有者は、商品をその価値どおりに買い、価値どおりに売られねばならない。それにもかかわらず、この過程の最後では、資本家は投入したよりも多くの価値を引き出さねばならない。彼が蝶に変わることは、流通部面で起こらねばならず、また流通部面で起こってはいけないのである。これが問題の条件だ。

Hic Rhodus, hic salta――さあ、ここがロードスだと思えば、飛べるはずだ！

この矛盾、難問をどう解くか、マルクスの腕の見せ所です。

第3節　労働力の売買

労働力という商品の謎

とうとう資本主義の謎、労働力の問題に来ました。さて、この難問はいかにして解かれるのか。

貨幣から起こるのでもなく、流通から起こるのでもないとすれば、もう残された場所はひとつしかない。それは、最初のG—Wの中で、何かが起こるしかないということです。この商品の売買とは具体的にどういう商品を買うことか。それは労働力商品の購入ということであるわけです。労働力とは労働する能力のことで、生きている人間の中から生み出される、ものを作る肉体的、精神的な能力ということです。

労働力商品は、生きている生身の人間であるかぎり、買い置きができないわけです。冷蔵庫に入れたり、家にスペアとしておけない。できることは、ある一定時間に働いてもらうということだけです。奴隷ならば置いておくことも可能ですが、労働力商品を売る人は、奴隷ではありません。彼が売れるのは、物をつくったり、考えたりする能力であり、人間そのものではないからです。

その意味で労働力は特殊な商品です。わがままも言うし、批判もするし、時にサボることもある。本当に御《ぎょ》しがたい商品です。でも一方で彼らのおかげでものも売れる。いわば生産においては商品にすぎないのですが、他方で消費者である点において商品を超える存在です。

労働力商品はどこから生まれたか？

労働力商品はいつでもどこにでもあるわけではないわけです。商品生産は比較的以前からある。しかし労働力以外に売る術《すべ》をもたない人たちが生まれたのは最近です。当然それによって無限の価値増殖を始める資本のほうも、この労働力商品の発生と時を同じくする。ここに大きなからくりがありそうです。こう述べます。

資本はこれと違う。資本が存在する歴史的条件は、商品流通や貨幣流通があればいつも

あるというものではない。資本は、生産手段そして生活手段の所有者が、自由な労働者を労働力の売り手として市場に見いだせるところでしか成立しない。そして、このひとつの歴史的条件の中で生まれる。だから資本は、最初から社会的生産過程のある時代の始まりを告げるのである。

商品生産の中に資本主義的生産が生まれるのは、労働力商品が市場に発生することによってであるということです。つまり、資本は労働力商品の存在を抜きに存在しない。

労働力の交換価値と使用価値の違い

それでは、労働力商品はどういった価値を持つか。まずその商品の価値ですが、それは、その商品の所有者である人間が生きていくに足る「再生産の費用」によって決定されます。その再生産に必要な値段、つまり労働時間こそが彼の交換価値ということになります。もちろん、その価値は時と場所によって異なります。また、その労働者の質によっても異なるでしょう。客観的な議論はできません。ある国の文化段階に依存するからです(これは歴史の問題である)。

それでは、この商品の使用価値は何であるか。再生産の費用がその交換価値であるとすれば、使用価値は資本家のもとで働いて何かをつくっている労働ということになるでしょう。資本家という商品の買い手にとって、それは何よりも彼の欲望を充足する使用価値だからです。

つまり、この使用価値は具体的には労働者が働いている総労働時間ということになります。

もし、その時間すべての価値に資本家が代価を払えば、使用価値と交換価値は一致することになりますが、それでは資本家が労働者を雇う意味はない。当然交換価値として、つまり労賃として支払う額はそれより少ないはずです。たいていの場合、先に払って働かせることはしない。まず働かせておいて、その労働力の支出を見ながら賃金を支払う。いわば後払いです。先に払ったらこの商品は逃げてしまいます。

人間世界の富は、人間から生まれる

こうしてあの流通の不自然な等価交換の問題も解決されます。労働力の使用価値と交換価値の相違から生まれるわけです。まさにすべての謎が解決しました。人間世界の富は、やはり人間から生まれる。それも人間を搾取することで。アイデアなどでは生まれない。人間を搾取することによってであると。

しかし、この関係はあたかも等価交換のように見えます。なぜなら質と量を交換しているからです。質と量は比較のしようがない。だから使用価値と交換価値の差額などというのは議論する意味もない。

ここで、労働力商品の使用価値は労働時間という量に還元でき、そして価値も時間に還元できるとしたらどうでしょう。そこに明確な差がでます。

しかし、差があることを認めたがらない資本家は、こう言います。労働に応じて支払っていると。あとは機械がつくったのだ、いや資本家自らの発想によるのだ、といろいろとこじつけます。これらの理由はいかにももっともらしいわけで、のちにマルクスはこの問題を解くことになります。

マルクスはこうした屁理屈が通る社会を「ベンサムの天国」と述べます。その部分を引用します。

> 労働力の売買が行なわれている流通あるいは商品交換の場面は、実際、天から授かった人権の真の楽園であった。ここで行なわれていることは、自由、平等、財産、およびベンサムである。
>
> なぜ自由か！　その理由は、一商品たとえば労働力の買い手と売り手は自由な意思によ

ってのみ決まったのだから。彼らは自由で法的に対等なものとして契約する。契約は、彼らの意思が同じであることを終局に示す結果である。

なぜ平等か！　なぜなら、彼らはただ商品所有者としてのみ、相互に関係をもち、等価と等価を交換するからだ。

なぜ財産か！　なぜなら、各人が自分のものを処理するだけにすぎないからだ。

なぜベンサムか！　なぜなら、両者とも自分のことしか関心がないからだ。彼らをひとつにむすびつける唯ひとつの力は、彼のもつ利己心、特殊利益、彼らの私的利益の力だけである。そして、各人が自分のことしか関心をもたず、他人に関わらないために、すべての人々は、事物の予定調和の力、あるいはすべてを理解している節理のおかげで、最初から、彼らのお互いの利益、共通の利益、総利益のために働くわけである。

第3編　絶対的剰余価値の生産

第5章　労働過程と価値増殖過程
第6章　不変資本と可変資本
第7章　剰余価値率
第8章　労働日
第9章　剰余価値率と剰余価値の量

第5章　労働過程と価値増殖過程

第1節　労働過程

資本主義以外の労働

まずマルクスは、青春時代から大きなテーマだった「労働とは何か」という問題をここで展開します。一般的に、労働は自然に対して人間が働きかける行為であり、それによって、自然を変化させ、自らもまた変化していく過程であると言います。

やがて人間は、労働手段を発明するのですが、この労働手段の発明こそが、人間の歴史を区分する画期をつくっていきます。そして、労働対象である土地に働きかけることで、労働は対象化されていきます。

このようにして、労働対象と労働過程は生産手段、働きかける人間の労働は生産的労働となるわけです。

さて、こうした人類史を通じて展開する労働は、資本主義社会の価値増殖過程とは違って、人類史を貫通する普遍的労働過程です。その特徴は、人間にとって使用価値をつくり出すことにあります。

これまで単純で抽象的な形で述べたような労働過程は、使用価値をつくり出すための合《ごう》目的《もくてき》活動で、人間の欲望のために自然のものを取得することであり、人間と自然との間の物質代謝の一般的条件であり、人間生活にとって永久の自然条件であり、だから、人間生活のどんな時代とも関係なく、人間のすべての社会形態に等しく共通したものなのである。

ところが資本主義社会における労働は、こうではない。まず、労働が資本の管理のもとにおかれること、次に、生産物が資本家の所有物になることがその違いであるというわけです。

第2節　価値増殖過程

価値を増殖する労働

さあ、こうして資本の管理のもとにおかれた労働はどうなるか。まず資本家は、売るために生産物をつくるということ。さらに、最初に投資した額以上の価値を生産しようとします。資本家は慈善事業を行なっているのではありません。だから彼は、最初から投資した以上の額を獲得しようと考える。その意味で、ここでの労働過程は、そのまま労働過程ではなく、価値増殖過程にならざるをえなくなるわけです。

労働者が労働した再生産のために支払われる労働力の価値と、彼が労働した全労働過程の価値は違うわけで、この差額を得ることが資本家にとっての利益となるわけです。六時間分の価値が労働力の価値ならば、彼はさしあたり一二時間働かねばならなくなるわけです。

価値形成過程と価値増殖過程とを比較するなら、価値増殖過程は、ある点を超えて延長

された価値形成過程そのものである。

価値形成過程は、資本が支払った労働力の価値が新たな等価によって置きかえられるまでしか続かないのだが、だからそれは単純な価値形成過程である。価値形成過程がこの点を超えて続けば、それは価値増殖過程となる。


マルクスは価値形成過程と価値増殖過程という言葉を使い分けながら、価値が増殖することを説明します。

資本が労働者の労働力の価値を形成する過程を価値形成過程とするならば、それを超えて形成される過程を価値増殖過程というわけです。

商品生産で、価値は形成されますが、剰余価値は形成されません。だから、価値形成過程は商品生産社会であるが、価値増殖過程ではないのです。一方、価値増殖過程は剰余価値を生みます。そのため、それは資本主義的生産過程であるというのです。この微妙な違いです。

いわゆる共同体の過剰な生産物を商品として売る場合には、そこに労働力の商品化がないわけですから、これは価値増殖過程とはなりません。

こうして労働力を買い入れた資本家が、労働時間をフルに稼働させ、つねに監視を怠《おこた》らない理由がそこからわかります。価値増殖過程にとって重要なことは、価値を増殖させることであり、それはとりもなおさず、購入した労働時間をフル稼働させることであり、かつ労働者をサボらせないことだからです。

第6章　不変資本と可変資本

機械は価値をつくらない？

さて、ここまでは生産手段や原料の問題はあまり問題にはなりませんでした。しかし実際には、生産手段や原料が使われています。こうした部分は商品の価値形成にどう影響しているのかという問題がでてきます。それを取り扱うのがこの章です。

労働が価値を形成することはいいとして、機械や原料はどう価値形成に関係しているのか。もしそれが価値形成にそのまま関係するのであれば、これまでに述べてきたすべての議論は崩壊します。生産手段も原料も、過去の労働によるものであるとすれば、この部分も価値形成に何らかの寄与があるはずです。その価値が新たな価値をつくり出していれば、価値を増殖させているのは「過去労働」であり、生きた人間労働ではないということになります。

この問題をマルクスはこう解きます。たしかに機械や原料もそれが商品であった以上、価値はある。しかし、その価値は移転され部分だけであり、それが新たな価値を生むわけではないと。労働者は、まずこうした価値を商品に移転させ、一方で新たな価値を増殖するのだというわけです。

労働対象へ新たに価値を付加することと、生産物に元からある価値を維持することは、

労働者が同一の時間のなかで行なう普通のまったく異なる結果である。
しかも彼は、同一時間には一度しか労働しないのだから、この二面的な結果は、彼の労働そのものが二面的であるということだけから説明される。同じ点で、労働者の労働は、ひとつの特徴として価値を創造し、もうひとつの特徴として、価値を保存または移転しなければならないのである。

機械の価値を引き出しているのは誰か？

もともとこうした価値の問題は、人間の労働支出という問題と関係しているわけで、機械も原料もすべて過去をたどれば、価値に還元されるという前提に立っているから、こうなるわけです。機械、原料、燃料、工場など、すべて過去労働というわけです。

原料や燃料はそのまま無くなってしまうので、それが商品に移転されたということは比較的わかりやすいのですが、機械は毎日そこにあります。どうやって価値が商品に移転されたことを証明できるのかと言われれば、確かにわかりにくい議論です。とはいえ、一〇年でその機械の価値補塡《ほてん》の期間が終わるとすれば、毎日少しずつ価値を移転していったのだと言えないこともないわけです。

生産的労働が生産手段を新しい生産物の価値形成要素に転化しつつあるあいだに、生産手段の価値にはひとつの転生《てんしょう》が起こる。それは摩耗《まもう》された肉体から新たに価値づけられた肉体に移る。ただこの転生は、いわば現実の労働の背後で行なわれている。労働者はもとの価値を保存することなく、新たな労働を付加することはできない。したがって新しい価値を創造することもできない。その理由は、労働者はつねに、労働を特定の有用な労働形態で付加しなくてはならないからである。

さらに労働者は、生産物を新しい生産物の生産手段にし、そうすることで、その価値の新たな部分を生産物に移転しなければ、労働を有用な形で付加することはできないからである。こうして価値を付加しながら価値を補塡するということは、活動しつつある労働力の、つまり生きた労働のひとつの資質であり、労働者にとっては何の費用もいらず、資本家には既存の資本価値の保存という大きな利益をもたらす資質である。

事業が好調なとき、資本家は儲けることにいそがしく、労働の、このただの贈り物には見向きもしない。しかし、労働過程を一気に中断させる恐慌のときは、仕方なくこのことを思い知るのだ。

価値を形成するのは、生きた労働のみ

少々長い文章ですが、かなり重要な文章です。ようするに価値の移転という仕事はあまり目立たないが、実は大きな役割を担っているということです。価値を移転するおかげで機械の保全をしている。しかもそれに対してお金を支払う必要はない。労働者が働くということは、ひとりでに機械の手入れをしてくれることでもあるのです。しかし、儲《もう》け話にいっぱいの資本家はそれに気付かない。恐慌になって労働者の首を切ったときに初めて、彼らがいないと、機械などまったく無駄なものだということに気付くというのです。

こうしてマルクスは、価値を形成するのは労働のみ、機械も原料もいっさい価値を形成しないと主張します。だから、こうした部分について、価値を変化させないという意味で「不変資本」という言い方をし、価値を付加し、増殖させる労働に対して、「可変《かへん》資本」という言い方で表現します。

この違いが非常に重要です。一般に使われている固定資本や流動資本という言い方ではなく、価値という観点からみた不変資本、可変資本という言い方をとることで、マルクスの、こうした資本の設備にいたるまで、すべてを価値で見ようとする姿勢が明確になるからです。以降は、この言葉が繰り返し使われます。

第7章　剰余価値率

第1節　労働力の搾取度

どれだけ搾取されているか？――剰余価値率

不変資本と可変資本という概念を使って、労働者がいかに搾取されているかという問題がここで議論されます。不変資本はConstantということでC、可変資本はVariableということでVという記号が用いられます。そして、剰余価値にはMehrwertでMという記号が使われます。

商品の価値がこの記号で表現されると、「C＋V＋M」となります。しかし、実際このMを作るのはVを支出する労働者ですから、労働者に支払う賃金であるVの部分と、資本家が獲得する剰余価値の部分Mを比較すれば、新たに形成された価値の比率もわかるわけです。これを「剰余価値率」と言います。いわば、どれくらいの新しい価値を算出したか、いいかえれば、どれだけ搾《しぼ》り取ったかという計算を行なうには、VとMの比率でいいということになります。

当然、「現実の企業家は、そんな計算はしないよ」という批判にそなえて、綿花業者はCの部分を排除して計算することもあるという現実の経営者側の事実を示唆しています。いずれにしろ、価値増殖の割合を検討するかぎり、これでいいでしょう。

こうしてマルクスは、労働者の可変資本の部分について、労働者の再生産にかかる必要な費用ということで、「必要労働」と表現します。それにかかる時間を「必要労働時間」と名付けます。そして、それを超えて新しい価値を形成する部分、剰余労働Mに支出される時間を「剰余労働時間」と名付けます。

いろいろな経済の社会形態、たとえば奴隷制社会から、賃労働の社会を区別するものこそ、この剰余労働が、直接的な生産者や労働者から搾取される形態である。

マルクスは、資本の価値増殖が行なわれる資本主義社会の特殊性を、再度強調するわけです。こうして搾取の度合いを測る定式、剰余価値率が出てくるのです。

それは、M／V＝剰余労働／必要労働という定式です。

マルクスは、計算の都合もあって剰余価値率を一〇〇パーセントにしています。倍もとるというのはかなり高いわけですが、そう見えるのは利潤率と誤解するからです。利潤率を測る場合、資本家は、可変資本に、前貸しした不変資本を加えたもの——すなわち「V＋C」と剰余価値率Mとの比率を問題にするのですから、当然低くなるわけです。

しかし、これはあくまでも前貸しした資本がどれだけの剰余価値を生むかということであって、労働者がどれだけ搾取されているかという問題とは違うわけです。『資本論』の本質は、搾取のほうですから、剰余価値率を問題にするわけです。

ここで、第7章の第2節〜第4節は短いということと、ほとんどが諸説の批判に使われているので、簡単な説明にとどめます。しかし、かなり重要な問題も含んでいます。剰余価値率などという労働者の立場からの議論には、黙ってられない人がよって立つ論拠が批判されるからです。

シーニョアの最後の一時間——不思議な議論

「シーニョアの最後の一時間」という問題こそそれです。剰余価値率ということがすんなり理解できれば問題ないのですが、実際には前貸しした全資本に対してどれだけ利潤が得られるかという利潤率に関心をもちます。この発想でいけばこうなるわけです。

マルクスの挙げている例を使えば、紡績の場合、労働時間を一二時間とすれば最初の八時間は綿花の原料を補塡し、次の一時間三六分で労働手段の価値を補塡し、次の一時間一二分で労働賃金の価値を補塡する。だから残りの約一時間で剰余価値を創造するのだというのです。これが最後の一時間という問題です。

この議論は理論的にどうという問題ではなく、労働時間を減らすことは断固まかりならぬという議論の典拠にされることで切実な問題となっています。

オックスフォード大学教授シーニョアは、労働者の主張する一〇時間労働を阻止する論理を展開すべき切り札としてマンチェスターの資本家たちに選ばれ、彼お得意の議論を展開するわけです。今でも資本の論理に忠実な御用学者はたくさんいますが、シーニョア先生はその先輩というわけです。

彼は上記の論理によって一〇時間労働だけでは、資本家は利潤を得られず慈善事業を行なっているに等しいことを主張します。

実際は、労働時間が減れば原料の消費も機械の摩耗も減るわけですから、前貸しされた資本の損失も減るわけです。それ以上に彼が混乱しているのは、まず不変資本部分が何かを理解してないことです。生きた人間の労働が加わるかどうかだけを問題にすべきだったのに、あれもこれも価値を生むと混乱しているわけです。

しかし、こうした戯言《たわごと》(all bosh) はいつの世にも出現します。労働時間の延長に苦しめられている労働者に、マルクスはこう未来を告げます。

いつか皆さんの最後の鐘が現実に鳴り響いたとき、オックスフォードの教授先生のことを想起せよ。では、後世でよろしくお願いする！　さようなら！

今も第二、第三のシーニョア先生がおられますので、皆さんご注意を。

第8章　労働日

第1節　労働日の限界

労働日は簡単には減らない

さあこれまで長く、理論的な、少々難しい議論を展開してきました。ここでは、そうした机上の理論ではなく、生きた生身の人間の話が登場します。それは当然ですね。労働者が働く労働時間――労働日は、たんに理論でできている世界ではない。生きるか死ぬかの戦いの世界でもあるからです。マルクスは労働者にとりあえず第8章から読めといっているのですが、その理由はまさにここにあります。

では、労働日はどうやって決まるか。

まず労働時間は、（労働者が生きるために必要な再生産費用である）必要労働時間を下回る時間にはならない。とはいえ、必要労働時間きっかりでも意味がない。なぜなら、そこには資本家のための剰余価値が付加されてないからです。

一方で、当然ながら上限もあります。一日が二四時間であればそれを超す労働日はありえません。それ以前に、労働者である生身の人間の身体的な限界もあります。しかし資本家は、労働力商品を買った以上なるべく多く搾り取りたい。そこに大きな戦いが生まれます。

だから資本は、自分の唯ひとつの生命の衝動――自己を増殖し、剰余価値を創る衝動をもつ。すなわち、その不変部分である生産手段を使って、できるかぎり多くの剰余労働を搾り取ろうとする衝動をもつのである。

資本がまるで吸血鬼のように元気になるのは、生きた労働を搾り取るときだけであり、多く吸収すればするほど、ますます元気になる、そういった死せる労働なのである。

労働者が労働する時間は、資本家からみれば、買った労働力を消費する時間である。労働者が資本家の自由になるはずの時間を自分自身のために使うならば、それは資本家のものを盗むことになるのである。

釣った魚は自分のもの

資本の立場からすれば、労働者は搾り取るだけの対象にすぎません。買った以上、それをどう使おうと他人の知ったことではない。買われた者の立場からするといい迷惑ですが、ここには理論はない。あるのは命がけの闘争です。

こうして資本主義的生産の歴史において、労働日を標準化するという問題は、労働日の制限をめぐる闘争として出てくる――すべての資本家、つまり資本家階級とすべての労働者、つまり労働者階級との間の闘争として出てくるのである。

さあ、ここから具体的事実を追います。

第2節　資本は剰余労働に飢《う》えている――ボヤールと工場主

労働の悲惨さを比較する

まず、剰余価値ならぬ剰余労働自体は、どんな世界でも必要であるという保留を置きます。当然です。蓄積のない社会などない。しかし、たいていの場合そうした剰余労働に対する欲望は、生産そのものの性格から来るのではない。むしろ金に対する黄金欲などから生まれます。

だから、金や銀の生産は恐ろしいほどその欲望をそそり、とくに鉱山での搾取は悲惨を極めるわけです。一方で、しかしこれは、実は資本主義世界が過去の世界を悪く描き出した結果であり、たいていはそれほどひどくもなかった。むしろ資本主義にそうした世界が組み入れられたとき、悲惨な状況が起こったのだといいます。アメリカの、かつてはまだ牧歌的だった黒人奴隷への搾取が、綿花生産が資本主義世界に組み入れられたときにどうなったかをみればわかるというのです。そのとき初めて奴隷の悲惨さは拡大しました。

マルクスは、イギリスの工場労働と、ドナウ川地域の賦役《ふえき》労働（労働による税金）を比較します。

イギリスの工場で働く労働者の剰余労働と必要労働は、同じ工場内である限り、分離することができないのですが、ワラキア（ドナウ川流域）の農民の、ボヤール（土地貴族）に対する賦役労働は、通常の農耕労働と区別することができます。なぜなら、働く場所が違うからです。

さて、そのドナウ流域のワラキアの賦役労働ですが、規則では一年の間わずかしかないはずが、あれやこれやの解釈によってどんどん増えていったのです。しかも、天候の悪いこの地方では、自分たちのための労働日も少ないので、その割合はかなり高いものであった。土地領主ボヤールの剰余労働への渇望が半端なものでないことは確かです。

イギリスの工場とザル法

では、イギリスの工場はそれよりましか。なるほどイギリスには労働日を制限する工場法ができました。国家が資本の搾取を許さないというわけです。『資本論』当時、一八六七年は一〇時間労働の時代であり、週にすると土曜日までたっぷり六〇時間労働でした。まあ、今の日本の労働者の現実の労働時間からすると、むしろ少ないほうかもしれません。当時のイギリス国家はこの労働時間を守らせるべく工場監督官（当時レナード・ホーナーという人物）を置いていたわけです。マルクスは彼の報告書を丹念に読みます。

当然、法定労働時間を超えた労働は盛んに行なわれていました。これは特別利潤をなし、一日五分の延長でも、一年にすると膨大な額になる。とくに、食事時間の縮小は日常茶飯事であったということです。この報告書の言葉をこう引用します。

もし毎日たった一〇分だけ余分の超過労働時間が可能ならば、毎年一〇〇〇ポンドをポケットに入れることができるのだ。

一刻一秒が彼の利益の一部なのだ。

このようにイギリスでも法律は、実は抜け穴の多いザル法だったのです。

第3節　搾取に対する法的制限のないイギリスの産業における労働日

児童労働の実態

冒頭から悲惨な児童労働の実態が引用されます。レース業、陶工、マッチ製造業、壁紙工場、製パン業の話。ある七歳の少年についての話を引用してみます。

この子が七歳だったとき、この子を背負っていつも雪の上を往復していました。彼はいつも一六時間も働いていていたのです。――彼が機械で作業している間、私は膝をついて彼に食事を与えました。機械を止めたり、そこから離れてはいけなかったからです。

今でも途上国の工場や、先進国の密航者の工場などで見られる風景で、マルクスの期待とは裏腹に、こうした悲惨さがいまだに過去のものになっていないことに驚くばかりです。そして次の報告を読むと、今更ながら、数年前に尼崎《あまがさき》で起きた鉄道事故を思い出してしまうのです。

過労の実態

ある大きな鉄道事故によって数百人の乗客が死んだ。鉄道労働者の怠慢が原因である。彼らは陪審員《ばいしんいん》の前でこう弁解する。一〇年から一二年前までの労働日は八時間にすぎなかったと。最近五、六年の間に、一四、一八、二〇時間と引き上げられ、またバカンス客の多い時などのように、旅好きが押し寄せるときには、休みもなく四〇~五〇時間働くことも珍しくはない、と。

彼らは普通の人間であり、アルゴスのような超人ではない。あるとき彼らは労働に耐えられなくなる。脳は思考をやめ、眼は見ることをやめる、と。

日本の事故は、鉄道員の時間順守といった非人間的な過剰労働によって、引き起こされましたが、一〇〇年以上も前にも同じような事故が報告されているわけです。過労という言葉は、今でも日本では一般的な言葉です。その一例をマルクスはあげます。メアリーという名前の、ある婦人既製服工場で働く女工の死です。彼女は一六時間以上という過酷な労働の中、ある日ベッドの上で死体のまま発見されます。
マルクスは怒りをもってこう新聞記事を引用します。

自由貿易主義者コブデンとブライトの機関紙。『モーニング・スター』は叫んだ。「わが白人奴隷は、労働の犠牲となって墓場まで連れて行かれる。疲れ果て、太鼓やトランペットの葬儀もなく静かに死んでいく」と。

第4節　昼間労働と夜間労働――交替制

なぜ、児童労働者は反抗できないか？

労働日の限界は二四時間、しかし生身の人間ではそれは不可能。されど機械はフル稼働させたい。その矛盾を解決するのが、昼夜交代制だというわけです。ここでも児童労働は大活躍します。とにかく、安くて素直である。その悲惨な状況についての叙述はここでは割愛するとして、マルクスは、教育も受けられない子供たちの見る世界を注として記していました。今度はそれを紹介しましょう。彼らは無垢《むく》な天使です。

少年A「4の4倍は8だが、4かけ4は16だ。王は金と銀をうんとこさ持っているやつだ。この国にも王がいて、王女もいる。プリンセスの名前はアレクサンドラで、王の息子と結婚したらしい。プリンセスは男だ」

少年B「僕の住んでいるところはイギリスではない、そんな国があることは知っているが何も教わったことはない」

少年C「大地を作ったのは神で、一人を除いて人間はみんな溺《おぼ》れたということを聞いたことがある。その一人は小鳥だったとも聞いた」

本当に素朴ですね。ようするに無知なのです。こうした少年・少女たちは何も知らないがゆえに、反抗することもなくひたすら働いたのでしょう。過酷な夜間労働にもじっと耐えたことでしょう。その間、資本家はこうしていたわけです。これも注から引用します。

一方、夜な夜な、ガラス業の資本家は禁欲的であることを示そうと、ポートワインで酔っ払いながら夜遅くクラブを出る。ふらふらしながら家に帰るや白痴のようにこう叫ぶ。

「イギリス人は奴隷であってはならないのだ」と。

皮肉です。奴隷の親玉が、奴隷たるべしではないと言っているのですから。しかも子供に深夜作業させながら、自分は飲んだくれている。

第5節　標準労働日のための闘争（1）
――一四世紀半ばから一七世紀末までの労働日延長のための強制

労働時間の規律に合わせる

さてマルクスは、ここで一転して、いつからこういうことが起こったのかという歴史を紹介します。労働日とは何か、という冒頭の文章を引用します。

労働日とは何であるか。資本が、一日当たりの価値で買う労働力を使う権利である、労働時間とは何であるか。労働日は、それを再生産する必要労働時間を超えてどこまで延長されるか。

すでにみたように、この問いに対して資本はこう答える。労働時間ははっきり言えば、二四時間から、数時間の休みを引いたものである。休みがなければ労働者は再び労働できなくなるからだ。

ここで明らかなことは、労働者とは労働力として生命を持つ者にすぎないこと。結果、彼が自由にできる時間は、法的にも、自然的にも、資本とその増殖に属する労働時間だということである。教育のための時間、知的発展のための時間、社会機能を充実させるための時間、友人や両親との関係の時間、肉体や精神を自由に発展させるための時間、日曜の礼拝の時間などは、それを厳守している国においてさえも、まったく無駄な時間ということである。

厳しく規律化された資本主義社会は、人間の自由な時間を労働時間の規律に合わせる。しかもその時間はどんどん踏み越えられていく。資本の論理は、人間としての肉体を維持するためのあらゆる可能性を奪う傾向がある。もちろんこれは、資本家を批判すべき問題ではなく、資本の問題です。だから資本主義はそれ自体、労働者の延命ということには無関心になる。

先進国では、資本は労働者にやさしいか?

なるほどいまや、先進諸国の資本は、労働者の延命効果のために努力しているではないかという議論が出てきそうですね。世界は豊かになったのだと。なるほど次の話を見ればその理由はわかります。しかし世界全体を見ると、実はこうした無限の労働時間の延長と人間の消耗は今なお存在しています。たとえば、週三五時間労働を満喫しているフランス資本は、旧アフリカ植民地においてそれを実行してはいない。いや、むしろ逆に悲惨な労働を強いている。その結果、生まれる孤児や貧民を移民労働者や養子として迎えることが、たとえフランス資本の心のやさしさだとしても、それは砂漠にまく水のような役割しか果たしていない。

さすがの資本も、労働者をこのように破壊されるに任せるわけにはいきません。労働力は、生かさず殺さず長生きさせたほうがいいからです。そのための手段とは何かといえば、労働日の無限の増大を止める標準労働日の設定です。しかしこれは、資本家の頭の中からひねり出されたものではない。当然です。

株式投機では、いつかは自分に雷が落ちるとわかっていても、自分だけは黄金の雨を受け続け、それを安全な場所にもっていって、雷が落ちるのは隣人だと期待するわけであるから。あとはどうとでもなれ。

これが、資本の発想です。

救貧院《きゅうひんいん》を恐怖の館に！

ではどこから標準労働日は生まれたのか——それは、「資本家と労働者との数百年にわたる闘争の結果である」。厳粛な事実です。労働者の運動の結果なのです。

そこで数百年を振り返ってみると奇妙な事実に気づきます。それは工場法が労働日を短縮しようとしているのに、この数百年は労働日を延長する歴史だったという事実です。昔はひどかったが今はいい、という歴史の見方は実は嘘である。

歴史家ならば気付くのですが、近代初めまで人々はあまり働いてはなかった。なおかつ、飢えてもなかったという事実です。暗黒の中世、暗黒のアフリカ、光り輝く近代とヨーロッパ——という歴史観は、まさにある意味で資本の側の都合のよい解釈であることがわかるのです。

いつから、どうやって人々は怠け者から、勤勉になったかという問題を提起します。イギリスで勤勉が始まったのは、ペストが襲ったのち、エドワード三世が発した「労働者法令」が契機であるといいます。人口減少によって、働かざるをえなくなったのです。そこで法令が後押しし、労働日を増大させたわけです。しかしながら、労働日の延長はそう簡単ではありませんでした。一八世紀までは遅々として進まなかったのです。

ボッスルウェイトは、一八世紀にこう名言を垂れています。つまりイギリスの製品がなぜレベルが高いか――それは労働者の気晴らし、つまりよく遊ぶからだ、こうした遊びがイギリス人の質をよくしている――と。毎日、ただ労働するだけではいいものは生まれない。いいものをつくるには遊びが必要だ、と。まことに名言で、すべての資本家に聞かせたい言葉ですが、これはマルクスが『資本論』を書くわずか一〇〇年前のイギリスの姿なのです。

しかし、この声もやがて次の声に消されます。労働者をのぼせあがらせてはいけない！　彼らにはしっかりとした労働の義務を教えるべきだ！　そうさせるための役割はどこにあるか！　それは救貧院《きゅうひんいん》だ、と。働かないものが行く救貧院を恐怖の館にすることだ、と。もちろん、この救貧院はやがて労働時間を減らす場所になっていきますが、最初は強制的に働かせるための役割を負わされたのです。

いずれにしろこうした労働日延長を強制したのが国家であったことは否定できません。

第6節　標準労働日のための闘争（2）

——労働時間の強制法による制限。一八三三年〜六四年のイギリスの工場立法

さあ、労働時間の増大に対する闘争の始まりと、その結果としての工場法の時代の到来です。

労働者の勝利か？

数世紀もかかって、資本が労働日をその最大の標準的限界まで、そして一二時間という自然の限界を超えるまで延長させることに成功したのち、やがて一八世紀最後の三分の一期、大工業の誕生によって暴力的変動が起こり、雪崩《なだれ》のようにその自然や風土、年齢や性、昼と夜と限界が粉砕された。

古い法律では非常にわかりやすかった昼と夜という概念それ自体が、まったく曖昧《あいまい》なものになり、一八六〇年にはイギリスの裁判官は昼とは何で、夜とは何であるかを「判決を

有効」にするために説明すべく、ユダヤのタルムード解釈の専門家のような証明を行なうほどであった。資本は絶頂にあった。


しかし、労働者もだまってはいなかった。

一八三三年に工場法が出現し、ここで初めて標準労働日という概念が設定されました。まず、一日の労働日を午前五時半から午後八時半までに設定し、その間一二時間を超えない限り、一三歳から一八歳未満の労働者も働かせていいということを決めたわけです。しかし、九歳未満の労働は禁止、一三歳以下は八時間に制限され、九〜一八歳の子供すべてに対して、夜間労働は禁止されました。

当然のことながら、こうした法律は、合法的に悪用する者もつくり出しました。リレー制度という、子供を二組に分け、連続して雇用する制度が生まれるのです。

しかし、実際この頃からチャーティズムなどの労働運動は激しさを増し、工場法はさらなる発展を見せます。一八四四年の工場法成立。ここでは、未成年の条件に婦人も含まれ、児童労働も六時間半から七時間の間へと下げられる。さらなる進歩！

やがて、一八四〇年代の運動の高まりの中、一〇時間労働法案が議会を通過します。これは、一八四八年五月、大陸ヨーロッパで革命が進んでいた最中のことです。

資本家の反転攻勢

しかし、ここまでが、ある意味で労働運動の頂点でした。パリでは、六月蜂起に対する弾圧で政治の世界から労働者の力が消え、イギリスでも、チャーティストの力は弱まります。

資本家の反転攻勢が始まります。ようするに、こうした国家による法律は、政治的駆け引きの中で生まれたものにすぎなかったわけです。工場主はといえば、たとえ違反しても、自らが判事を務める裁判所で無罪を勝ち取ればいいわけです。実際には、あまり大きな意味がなかったともいえます。

しかしこうした労働日の延長が、資本それ自体にとっても、あまり大きな意味を持たない時代が、その後にやってくるのです。機械工業の発達がもたらした事情でした。これによって、一八六〇年以降は労働日の減少自体はスムーズに進むようになるわけです。これは、次の相対的剰余価値の章で詳しく述べられるテーマです。しかしそれは、時間当たりの生産性をあげる労働強化が行なわれるようになったからです。

第7節　標準労働日のための闘争（3）
――イギリスの工場法の他国への影響

マルクスの賞賛

ここでマルクスは、標準労働日の闘争をこうまとめます。

第一の事実、産業革命が起こった部門で徹底した労働日延長がまず起こり、それに対する規制が起こるが、まだ例外的にすぎない。しかし、やがてそれが一般化するということです。

第二は、この成果が労働者と資本家との長い闘争の結果であることです。

だから標準労働の成立は、労働者と資本家階級との長年の、多少隠されている市民戦争の結果である。闘争は近代工業の分野で始まった結果、まずこの産業の祖国イギリスにおいて宣言されねばならなかった。イギリスの工場労働者は、イギリスのみならず近代的労働者階級の先駆者であり、その理論家も資本の理論を攻撃した先駆者である。

一方、工場哲学者ユア博士は、資本は男らしく「労働の完全な自由」のために戦ったというのに、イギリスの労働者階級が「工場法という奴隷制度」をその旗の上に記したことは、ぬぐいがたい恥辱であると宣言しているのだ。

イギリスの労働者たちの労苦とその先陣の戦いに対して、マルクスはここで敬意を表しています。しかしながら電子計算機の祖としても知られているユア博士は、資本主義はその機械の能力の発展によって、労働者の苦痛を軽減しようとしていたのに、と嘆いているわけです。

やがて工場法は、半歩遅れてフランスに伝わるだろうと、その影響を期待します。ではアメリカはどうか。それは南北戦争によって一気に進んだのであると述べます。時間をずらしながら、労働者の運動はそれなりの成果を獲得していく、と。

第9章　剰余価値率と剰余価値の量

労賃が同じで利益を上げるには、労働者の数を増やす

絶対的剰余価値を分析した第3編の最後に置かれた、この短い章は、絶対的剰余価値限界の中に生じる矛盾を指摘し、次の第4編『相対的剰余価値』につなぐ役割をもっています。

ここで問題を簡単にするため、ある前提を置きます。その前提とは、「労働力の再生産に必要な必要労働の時間は不変」と置くということです。こうすれば、あとは剰余価値率がいくらであるかで、剰余価値の大きさ、剰余労働の時間が決まります。

一日六時間と置けば、剰余価値率が五〇パーセントだと剰余労働三時間、一〇〇パーセントだと剰余労働六時間ということになります。こうしてさらに剰余価値それ自体を増大させるには、労働者の人数を増やせばいいということになります。

こうして、次の第一の法則が生じるといいます。

可変資本によって生産される剰余価値の量は、前もって雇われた可変資本の価値に剰余価値率を掛けたものに等しい。

あるいは、それは、同じ資本家に同時に搾取される労働者の数と、個々の労働力の搾取率との相関関係に規定されている。

労賃が同じで利益を上げるには、労働時間を上げる

このことを前提とすると、剰余価値を維持するには、労働者の数が減少すれば労働者の搾取度すなわち労働時間を引き上げるしかないということに落ち着きます。しかし、労働時間の増大にはおのずから限界があるわけです。

それは、第二の法則「二四時間以上の労働はありえない」ということで絶対的な限界をもつわけです。

第三の法則は、「剰余価値の量は、剰余価値率と前もって雇われた可変資本（つまり労働者の数）によって決まる」ということです。剰余価値率には限界がある以上、剰余価値を上げるには、労働者を多く雇うしかないということになります。

なぜ機械を増やすか？

ところが、ここから大きな矛盾が出てきます。剰余価値の量を増やすには労働者の数を増やすほうがいいと言いながら、多くの資本家は、実際には、労働者の数よりも不変資本（機械）のほうを増やしているのです。不変資本が多いほうが、なぜ剰余価値の量が大きくなるかという問題はこのままでは解けないわけです。

この問題は次章で解かれるとして、労働者の雇用の増大と、資本主義の発展の問題との新

しい関係がここから起こってきます。剰余価値を上げるために労働者を雇うということは、労働者を供するための前貸し資本を必要とします。こうした資本を持ち、なおかつこうして増えた労働者を監視するシステムへの移行こそ、資本主義を生み出すというわけです。だからこそ中世では、親方の持つ労働者数を制限していました。マルクスはここでヘーゲルを引き合いに出し、量が質に転化すると述べます。

規律社会への移行

しかしこれは、歴史的にもう少し突っ込んだ議論をしなければならない問題です。すなわち、本源的な蓄積の問題。それはそれとして、ここでマルクスが、資本は監督労働としての指揮権を発動する人格をつくりあげるのだというふうに見ていることも重要です。つまり資本家の出現は、ある意味でひとつの規律と強制力を発生させる装置だと、マルクスは見ているわけです。

> さらに資本は、労働者階級にたいして、彼らの狭い生活の欲求から生まれる労働よりもより大きな労働を強いる強制関係として出現する。
> 他人の活動を強制する生産者として、労働力の搾取者として、剰余労働の引き出し役と

して生まれる資本主義体制は、それ以前にあった強制労働を直接的に強いるすべての生産システムを、そのエネルギー、無節制、影響力において凌駕《りょうが》しているのである。

つまり、資本主義社会が工場制度に基づいた規律社会（フランスの哲学者フーコー的な言葉ですが）として他のどの社会にもない規律をもっていて、命令システムにおいて秀でているという点を、マルクスはそれとなく指摘しているのです。有無を言わせず労働者を従属させるのは、それがこのシステムの本質だからです。

巨大な不変資本は労働者なく存在しえない、すなわち、死んだ過去労働である不変資本が、生きた労働である労働者なく存在しえない以上、資本はつねに、生きた労働の提供者である労働者を、そこに張り付けようとするわけです。それが労働への規律というわけです。

第4編　相対的剰余価値

第10章　相対的剰余価値の概念
第11章　協業
第12章　分業とマニュファクチュア
第13章　機械装置と大工業

第10章　相対的剰余価値の概念

さて『資本論』の中で第7編『本源的蓄積《ほんげんてきちくせき》』と並んでもっとも長い編に来ました。長いのは当然で、第3編、第4編、第7編は歴史的叙述が多いからです。この部分は、『資本論』の実に半分以上を占めているのです。

必要労働時間を縮小する

まず最初に重大な前提の除去をします。これまで労働者の必要労働時間は一定だとしていた前提を取りやめるというのです。労働時間を図のように置くと、「a—b」が必要労働時間、「b—c」が剰余労働時間ということになります。

a————————b————c

このa—bの不変というのをやめるというのですから、どうなるかといえば、次の図のようになるわけです。

つまり、必要労働時間が小さくなることもありうるということに。

a——————b'——b————c

全体の労働時間は変わっていないのですから、必要労働時間が減少した部分だけ、剰余労働の時間が増える。剰余労働を増やす新しい方法は、必要労働を下げればいいわけです。

さあ、こうして労働者の必要労働時間が減少し、剰余労働が増える。しかしそれはどうして可能なのでしょうか。当然、労働者を飢えさせながら酷使するというのでは、そもそも必要労働時間という概念を導入した意味がありません。必要なのですから、それはありえません。もちろん賃金を支払わない悪質な資本家もいるでしょうから、そうした例外的な問題はここで捨象しなければなりませんが。

なぜ、資本家は労働日を下げるのに同意するのか?

考えられるとすれば、労働者の必要労働時間が減少する正当な場合です。彼の生活必需品が安くなる。つまり、より多く生産されることです。さらに言いかえれば、生産力が増大することです。

こうして剰余労働を増やすべく、生産力の拡大が起こり、労働日の延長ではなく、必要労働の縮小という形が実現します。

ここでマルクスは、労働日の延長という絶対的に剰余価値を搾り取る方法ではなく、必要労働の時間が減少した結果として、相対的に得られた剰余価値ということから、「相対的剰余価値」という概念を導き出します。

こんなことは、今の社会から見ると当然なのですが、歴史的経緯から見れば、絶対的剰余価値から相対的剰余価値への移行なのです。歴史はそれを示しているわけですね。

まだ生産力自体が低い段階では、ひたすら労働日の延長が進む。これに対してどんなに抵抗しても資本家はあきらめない。しかし、生産力が増大するようになると、あの頑強な資本家たちが笑みを浮かべ、どうぞ標準労働日を下げてくださいと折れてくる。これにはちゃんと理由があったわけです。

日常品の価格の減少

さてなぜ必要労働量が低廉《ていれん》化するかといえば、それは、新しい生産力の増大によって生産物がたくさんできるからです。今まで一日に一〇個できていたものが二〇個できれば、一個当たりに体現されている労働時間は減少します。労働者がこの増大した生産物を今までと同じペースで消費するなら、彼が消費する必要労働時間は減少していることになります。

もちろん個々の資本家は、剰余価値を上げることが彼の目的であって、労働者の福利厚生が目的ではありません。実際には、ある企業が新しい技術開発を行ない、それによって、社会的に必要な労働時間以下で生産物をつくることができるわけです。そうなると、この企業は特別な利益を得ます。これをマルクスは「特別利潤」といっています。これを得ようと他の企業もこの技術を導入すれば、結果として特別利潤はなくなっていきますが、その生産物を作る社会的平均労働は減少し、必要労働時間も減っていきます。こうして企業はまた特別利潤をもとめ、新しい生産力を開発することになり、資本主義社会はつねに新しい技術を開発する社会になるわけです。

マルクスはこう書きます。

> 商品の価値は、労働の生産力に反比例する。労働力の価値についても同じである。なぜなら、それは商品の価値に規定されているのだから。
> 一方、これに反して、相対的剰余価値は労働の生産力に正比例する。

資本の衝動

生産力の増大は、労働力の価値をどんどん下げていきます。しかし、その現実は、資本家にとって剰余価値がどんどん増えることを意味しますから、資本それ自身の衝動となるわけです。

ゆえに資本は、商品の価格を下げ、したがって労働者の価格を下げるべく、労働生産力を増大させるという、絶えざる傾向とやむことのない性癖をもつ。

ここで注意しなければならないのはこういう事実です。そうか、これで必要労働時間は縮まり、どんどん一日の労働時間は短くなるのか、というふうに考えないことです。なぜなら資本は、労働者の福利厚生を目的にする気などさらさらないわけですから。とりあえず労働時間を減らすことには渋りますし、しかも必要労働時間が下がることで得られる利益を独り占めしようと思うわけです。

第11章　協《きょう》業《ぎょう》

協業《きょうぎょう》の意味

さあ、ここで具体的な生産力の増大の形式を探ります。しかし、なぜ協業なのかという疑問が出ます。「機械を入れればそれで済む話ではないか」と先を急ぐ読者のために、マルクスは意味深な（しかし、スミスからいただいた）教訓を披瀝《ひれき》し、注意を促《うなが》すのです。

生産力という概念を機械という概念だけでとらえてはいけません。あくまでもそれは一種の技術であり、生産力はそれが具体的に生産に投入されて生産力を高めるようなシステムになっていなければなりません。機械だけではシステムにならないのです。

こう資本主義生産の始まりを述べます。

多くの労働者が、同じ種類の生産物を生産する目的で、同じ時間、同じ資本家の命令のもとに、同じ空間（望むなら同じ場所）で仕事をすること——ここに資本主義生産の歴史的出発点がある。

生産様式それ自体に関して言えば、たとえば初期のマニュファクチュアと中世の同業者組合が区別されるのは、同時に同じ資本によって雇用される労働者の数の違いだけである。同業者組合の親方の仕事場が拡張した以上の違いはない。だからさしあたり、違うのは純粋に量的な問題だけである。

協業は、たんに同じ仕事をする労働者が集まっただけのことですが、実際の結果は大きな違いももたらします。それは職場における一種の革命です。同じ場所にいることで、道具、材料などが一度に使える。しかも、それにかかる費用は少なくて済む。不変資本の割合を少なくするのです。

協業の秘密

あくまでもここでは、分業ではなく協業だけしか問題になっていません。協業とはバケツ・リレーのように同じ仕事を協力して行なうことです。当然こうしたことをやった経験から理解できるように、一人ずつバケツで水をくむより効率は上がります。協業はまさに人間自体が機械のように組織されることで生産力効率をあげるわけです。もちろんここには、これ以上の様々な問題が付け加えられます。

多数の力を全体の力に融合することから起こる新しい力とは別に、たんに社会的に接するということで、たいていの労働者には競争が生まれ、自ら活力（animal spirit）が生み出され、それによって個々人の個別的生産能力が高まる。その結果、一四四時間という同

じ労働日で一二人の労働者が一緒に同じ事をすれば、一二人の労働者が一二時間、あるいは一人の労働者が一二労働日で生産するよりも多くの総生産物を作り出すことができる。

これがどこから生まれるかというと、本来人間は社会的動物だからである。アリストテレスがいうように、本来人間は政治的でもあるのだが。

つまり、同じ場所に一緒にすることによって生まれる人間の競争心などが、社会性という原理から生まれるということです。よく自転車レースで集団のほうが、ひとりで走る選手より速いということがいえるのですが、それは、たんに集団のほうが風といった抵抗を受けにくいということだけではなく、精神的な問題とも関係しているわけです。日本でいえば、田植えなどが考えられるでしょうね。独りでやるより近所の人と一緒にやったほうが効率的だ。しかしこうした共同体における原理は、一時的なものでありそこから資本主義が生まれることはないのですが。

労働者を命令に服従させるシステム

さらに一カ所に集まることで空間が節約され、そして移動が節約されることで「無駄な費用」(faux frais)の節約ができるという利点もあります。ここで「集合した(kombinierten）労働日」という言い方をしますが、言い換えれば、労働者が個々別々の世界を離れてひとつの社会的機関として労働している全体としての力、すなわち「類的能力」（Gattungsvermögen）を獲得したともいえるわけです。機関である以上そこにシステムがある。いわばシステムを作りあげたといえるのです。

ここですでに前の第9章で展開されたことが重要なこととなります。まず労働者を大量に雇い、機械を買うだけの資金力と、それを統括する指揮能力が不可欠だということです。

ここに一種の命令によって労働者を包摂《ほうせつ》する原理が出てきます。集められた労働を指揮する資本家は監督労働として、労働者を命令に従わせる義務をもつ。それは資本家の権威であり、他人の意志を服従させる権威なのです。一方で社会的に生産力をあげるシステムが、他方で労働者を生産に縛りつけ、命令に服従するシステムともなるという二重性がここに展開されます。

こうしてこの機能は、資本家のためにある特殊な労働者の存在を生み出すわけです。その労働者とは、他の労働者と違ってもっぱら監視命令を行なう労働者です。いわば雇われ社長、管理職ですが、彼らの機能は資本家に代わって直接憎まれ役になることです。しかし本来の資本家が司令官としてその上に君臨していることには変わりはないわけです。

第12章　分業とマニュファクチュア

第1節　マニュファクチュアの二重の起源

分業の始まり

協業とは人が集合することでしたが、協業はそうした集合を人々がそれぞれ別の仕事をする労働の分割としての分業によってより大きな発展をします。マニュファクチュアといわれる初期の工場制手工業こそ、一六世紀半ばからそうした発展を支えることになります。そこから二つの仕方（内的発展と外的発展）で分業が生まれます。

ひとつは、それぞれの能力をもった労働者を一カ所に集めること。

初めの段階は別々の仕事をする労働者をひとつの場所に集めます。まだそれぞれは特殊の技能をもった労働者の集まりですが、次第に誰でもできるような労働に分割された部門をになうようになります。

次に、同じ仕事をする労働者を一カ所に集めること。

それぞれが完成商品を作っていたのですが、こうした仕事場に外圧がかかり（たとえば期日までに大量の商品を作られねばならないとかといった)、その命令にしたがい、それぞれの完成品を作ることをやめて、部分的労働を行なうようになるわけです。

ただこうした段階の分業は、まだ手工業的な領域を一歩も出ていないわけで、言いかえれば、協業に毛が生えただけのものともいえます。

第2節　部分を担う労働者と道具

分業と機械の進化

こうして生まれた分業は、ますます単純な分業の一端を担う労働者を作ります。

こうした単純な作業は、ひとつの生産過程を幾重にもわたって分割することで、その作業の中に特殊な機械を作っていきます。マルクスはバーミンガムだけで五〇〇種類のハンマーが生産されていると述べていますが、きめ細かな作業分割と道具は照応《しようおう》関係をなし、道具の発展を促します。

細かい作業に向けられた道具はどんどん進化します。多目的な道具とちがい、すぐに目的にそぐわなくなってくるからです。こうして、そうした道具を組み合わせた、ある大きな機械が生まれるわけです。しかし、それは一方で人間の労働過程が分割され、あたかも機械のような部品の結合になっていることが前提されているわけです。

第3節 マニュファクチュアの一般的メカニズム、その二つの基本形態
——異種の部門を組み立てるマニュファクチュアと系列的マニュファクチュア

素朴な分業

もともと二つの種類のマニュファクチュアがあるといいます。まず時計の生産におけるタイプのマニュファクチュア。スイスとフランスの境、ジュラのヌーシャテルやヴォーの時計工場の例を出します。そこは部品を小さな町工場がつくり、それを組立工場にもっていく。すべての過程がひとつの工場の中にあるわけでないといいます。だから一方でこうした地域の村に小さな工場が点在しているわけです。

マルクスは『資本論』を執筆していたころ、第一インターナショナル内部の闘争でこの地域の労働者をオルグするバクーニンとの闘争に明け暮れたわけですので、こうした地域の労

働者がかくも大工場における労働者と違うかということは熟知していたものと思われます。

総合的分業

もうひとつは、一連の作業が集中している系列的マニュファクチュアです。たとえば縫い針生産の例をあげます。これはスミスが述べた分業の生産に近い過程で、個々の作業は協業とは違って組織化されています。一種の流れ作業が行なわれる。そこでは「労働の連続性」「一様性」「規則性」「秩序」「労働の強化」などが見出されるといいます。われわれが日常知っている分業に近いのですが、ここで重要なことは一人一人の労働が他人の労働に依存しあうことで、厳格な規律が求められていることです。

チャップリンの「モダン・タイムス」の中の一シーンはあまりにも有名ですが。まさにあの映画で重要視されたのは機械のすばらしさではなく、人間が機械のように規則正しく動かねばならないのだという、非人間的な姿です。

機械になる人間の組織

マルクスはこの系列型の組織の様子をかなり詳しく書いていますが、その中で、生産性をあげるために、各自がどのような人間にならなければならないかを書いているところがありますので引用します。

いろいろの作業が分離され、独立化し、孤立化したのち、労働者はその固有の能力別に分割され、分類され、グループ化される。人間が生来特殊的であることが分業の基礎であるとすれば、一度導入されたマニュファクチュアは一面的な特殊能力にしか役立たない労働力を発展させる。

今や全体の労働者は、同じ程度の生産的能力をもち、特殊の労働、特殊の労働グループの中で自らの器官を特殊の機能のために使う点において、その能力をもっとも経済的に使うのである。部分労働者であることの一面性そして不完全性でさえ、全労働者という枠から見れば完全なものなのである。

一面的機能だけを担当するという習慣によって、彼自身はこの機能を自然にそして確実に発揮するだけの一器官になり、メカニズム全体と関連することで、機械の部品のように規則的に動くことを強制されるのである。

機械とは、われわれが考えるような、あの鉄の道具ではなく、人間そのものの集まりであるということがここではっきりしてきます。工場内の人間組織がひとつの機械になること、これが分業の大きな結果なのです。

第4節　マニュファクチュア(工場制手工業)的分業と社会内分業

二つの分業の違い

ここでマルクスは、工場内の分業（工場の中で行なわれる労働の分割）と、もうひとつの分業、「社会内分業」（社会の中で行なわれる労働の分割）について言及します。後者は当然、人類の歴史の始まりから始まります。

商品生産と商品流通は資本主義的生産様式の一般的前提であるがゆえに、マニュファクチュア的分業は、社会内部のすでにある発展段階まで成熟した分業を前提とする。逆に、マニュファクチャア的分業は、社会内分業を今度は反作用として発展させ、倍加する。

社会内分業の一定の成熟によって、工場内の分業、その初期の形態としての「マニュファクチュア的分業」が生まれると、今度は逆に社会内分業を促進していくという関係は、二つの分業がある段階から相互作用をもって発展しあうということを意味しています。

こうして人類の歴史は、分業を促進するのですが、社会内分業とマニュファクチュア的分業は本質的な点で異なっています。形式的には、なるほど前者は広く点在すること、後者は狭くひとつの空間にあることですが、これはたいした違いではない。もっとも大きな違いは、社会内分業の間では商品売買が行なわれるが、後者ではそれがないということです。

それは、社会内分業の無政府的生産と、工場内の分業における計画的生産という大きな違いとしてもとらえることができます。マニュファクチュア的分業の中においては、それの中間生産物は不完全な商品としてひとつの過程を通過しているだけですが、社会内分業の中では、それが商品と商品との競争という市場関係をなしていることです。

ここで面白いことをマルクスは語ります。マニュファクチュア的分業を支持するブルジョワたちは、工場の中では一種の規律と計画性が守られているのには賛成するのだが、社会がこうした規律と計画性を個々の資本家に要請することに彼らが断固として反対するのは変だと。なぜなら、この社会がひとつの工場のような一連の組織体になればそうなるのではないかということですから、むしろ資本は、社会をひとつの工場のようにしようとしているとも思えるのです。
マルクスの中に未来社会をひとつの工場のようにするという発想があったとしたらこうですが、しかし、これはあくまでもブルジョワの意見の揚げ足をとっただけで批判している。実際には、ひとつの工場という状態は、「一ブルジョワ、全労働者」という一種の国家独占資本主義の完成形態にも思えるからで、マルクスはそういうことを言っているのではないわけです。

古い社会の問題点

ここで、マニュファクチュア的分業にある計画性も、社会内分業にある無政府性も欠くような世界があったとしたらどうでしょうか。インドの共同体の例がそうだというのです。インドでは、固定的な分業の再生産を共同体が管理し、そこからマニュファクチュア的分業を発生させないようにしている。そのため社会内部もマニュファクチュアもともに未発達な社会を温存させているというのです。あくまでマルクスはこうした社会を礼賛しているのではなく、むしろその停滞性を批判しているわけです。

西欧ではまさに同業者組合による、マニュファクチュア的発展の規制がこれで、こうしたものは資本主義が発展する中で、国家的命令などで壊されていかねばならないのです。

第5節　マニュファクチュアの資本主義的性格

分業は能力を発展させられるか？

マニュファクチュア的分業では、労働者は資本に提供する部分として、一特殊能力を売ることを強要されるわけですが、当然彼ら労働者の中の監督労働の管理のもとに行なわれます。一八世紀のアダム・ファーガスンの言葉がここで引用されます。

無知は迷信の母であるように産業の母である。熟慮《じゅくりょ》と想像力は誤謬《ごびゅう》を作り出す。しかし、手足を動かすという日常的な活動は、その二つのどれにも依存していない。だからマニュファクチュアが発展するのは、人間の多くが精神を枯渇し、人間が機械の一部となり、その仕事が機械のように見なされるようなやりかたでである。

もちろん、『国富論《こくふろん》』の仏訳者ガルニエのように、分業の結果、知性はどんどん発達するのだという意見もマルクスはちゃんと取り上げています。

さて、マニュファクチュア段階が最高潮に達した段階ともここでお別れですが、その段階はまだ機械制大工業の時代とは違っています。この段階では依然分業においても熟練労働者が強く、男性支配の世界である。修業も長く、そう簡単に女性と児童労働が参入できるチャンスはない。徒弟法やいろいろな法律が、一気に機械制大工業的な分業へ進むことを妨《さまた》げていたわけです。しかし、ことは一気に変わります。

第13章　機械装置と大工業

第1節　機械装置の発達

すべてを行なう機械の登場

この章は『資本論』でもっとも長い章です。これと比較すべき章は、第23章『資本主義的蓄積の一般的法則』ですが、それよりもやや長い。普通の本なら、一冊分の量があります。当然です。当時の資本主義の実態のすべてが収められているのですから。

さて冒頭、ジョン・ステュアート・ミルの言葉が引用され、機械の発明はけっして日々の労苦を軽減するためのものではなく、それは商品を低廉にするためのものにすぎないことを確認します。機械装置のうち産業革命で重要な役割を果たした機械は、動力機、配力機、道具機のうちの最後の道具機であったといいます。こうして道具機が発展することによってそれを動かす動力も人間以上のものとなり、動力機が発展する。そして、それを機械に伝える、配力機構も巨大なものに発展する。こうした道具機の例として、封筒生産の例があげられています。

紙を折ったり、糊をつけたり、模様を描いたりする作業がすべてひとつの機械で行なわれるようになった。マルクスはこの機械を一八六二年の産業博覧会で見て驚嘆しているわけです。こうした自動装置こそ機械制大工業を成り立たせる原因であり、こうした自動機械が工場いっぱいに拡大し、機械的怪物になるのだと言います。

機械の発明は、実は機械をつくるマニュファクチュアから生まれたものですが、やがて、そのマニュファクチュアを機械工業へと変革していきます。ついには、交通機関の発展をも作り出し、鉄道、蒸気船、電信などの発展を促すわけです。

第2節　生産物に対する機械装置の価値移転

機械と労働力、どちらを使うか？

こうした機械に照応する協業および分業などの労働の編成形態には費用は一銭もかからない。さらには蒸気や水などの自然力それ自体にも費用は要らない。

さて、機械装置の購入には大きな費用を要しますが、その費用は一度に商品に転化《てんか》されるのではなく、少しずつ転化されています。こうした大規模の機械は過去労働の産物として現れることで、機械制大工業の時代は巨大な過去労働の世界であることがわかるわけです。機械の生産力は、この過去労働をひとつの商品に少なく移転すればすれほど効率的な機械ということにあり、多く移転すれば効率的な機械でないということにありますが、これは前者の機械が摩耗する速度が遅いという意味でもあるわけです。

機械は労働力のある部分に取って代わるわけですから、当然、その限界は労働力より安いという点にあります。労働力のほうが安ければ、あえて機械を使わない。

言いかえれば、法律などで労働が保護されれば、労働力の価値は上がり、その代わりとして機械が投入されるのですが、保護がなく労働力の価値が機械より下がれば、機械は投入されないのです。

その例としてマルクスは興味深い例をあげています。

イギリスでは川船を曳《ひ》いたりするのに、今でも婦人が馬の代わりに使用されることがある。それは、馬や機械の生産に必要とされる労働が、数学的に与えられた費用である一方で、過剰人口の婦人を維持するのに必要な労働はどうにでもなるからだ。

こうして、どうでもいい安い労働には機械がかえって投入されないことがあるというわけです。

第3節　機械経営が労働者に及ぼす第一次的影響

機械による人間支配

ここではいかに機械が人間を酷使するかという問題に言及します。

(a)　資本による補助的労働力の支配——婦人労働と児童労働

まず、機械が筋力を不要なものとすることで、筋力のない労働者、つまり婦人と児童が男性労働者に代わって雇用されるわけです。こうして家族全体が労働者となる。そして労働者の家族が妻と子二人で四人であれば、その四人の労働力の価値は、一人の労働者よりも高いとしても、四人の男性労働者の価値よりも低く抑えられることになります。

イギリスの話として、一三歳以上に見えるそれ以下の少年を連れてきて労働させる話、煙突掃除夫として両親によって売られる子供たちの話が挙げられていますが、こうした実態は、より安い賃金を求める資本の動きに照応したものだったわけです。ここでは、乳幼児の死亡率がうなぎのぼりに上がっていることが説明されます。母親の就業による家庭労働の現象が、乳幼児死亡率を上げているというわけです。

イギリス議会は子供の知的荒廃を防ぐために、一四歳以下の児童の教育義務を労働させる条件としたのですが、資本家のほうは、教師の証明さえあればいいという条件を使って、偽教師による教育を口実に児童を働かせることが多かったという現状を取り上げています。

(b) 労働日の延長

むしろ労働時間が長くなる?

間断なく動くという機械の性格によって、それに張り付く労働者の労働日を減らすのではなく、むしろ延長させる傾向があります。婦人や児童のような弱者はそれに抵抗することもできないわけです。

機械は速く動かすほど、その価値移転を速《すみ》やかに行ない、さらに新しい機械が出ることで起こる突然の価値低下に備えることができるわけで、そのためにも機械はなるべく長い労働日を必要とするようになるわけです。労働日は減ることはないといってもいいわけです。

また機械は、これまでは能力的にも労働者として使用できなかった人々を組み入れることで、機械に駆逐される労働者層をつくりあげ、それによって多くの過剰人口をつくることになります。こうした過剰人口のおかげで、労働者は資本に対して抵抗できない状態になっていくわけです。

(c) 労働の強化

さらに労働は強化される

しかしながら、労働者はそうした流れに抵抗し、さまざまな運動を展開することで標準労働日の低減を勝ち取ったわけです。その意味では、機械は必ずしも労働日を延長させることには成功しなかったわけです。しかしここで、それに代わる新しい現象が起きます。それは労働の強化です。

今や外延的《がいえん》増大から内包的な増大、ある種の強化から別の種類の強化への変化を考察し

なければならない。

労働の強化こそ、実は機械制大工業が生み出す新しい現象といったらいいかもしれません。労働運動の増大によって、資本は新たなる剰余価値の生産を模索するわけですが、それこそ単位時間当たりの生産量を増大させる労働強化といえます。

労働強化——速度と労働範囲の拡大

労働の強化の主観的条件——労働日——の短縮が法律で強制されるやいなや、機械は、資本家の手の中でたちまち同じ時間内により多くの労働を搾り取るための客観的な、かつ組織的に応用される手段となる。

これは二重の方法で行なわれる。つまり機械の速度を高めることと、同じ労働者が監視する機械装置の範囲、すなわち労働者の作業場面の範囲を拡大することによって。

機械の速度を速めることと、その機械に関して監視する領域を拡大することで労働は強化されるというわけです。こうして、むしろ労働時間が短縮されたことで工場主の富がより一層拡大したことをマルクスは統計を使って説明しています。だから、工場法は労働者よりも資本家にむしろいい形で作用したというわけです。皮肉にも今度は資本家のほうから、さらに労働時間を下げてもいいという提言を生み出すことにもなるわけです。もちろんゼロに向かって進んでいくわけではなく、労働強化がもっとも効率的に行なわれるべき時間という意味で減少させられるにすぎません。

第4節　工場

人間と機械による夢の世界が誕生？

工場は、こうした機械システムが稼働するひとつの大きな組織体として出現します。あのマルクスが何度も引用する機械の発明家ユア博士は、まさにこうした機械システムの推進者ですが、彼の微妙に相違する二つの言葉を引用し、そこに秘められた大きな意味をマルクスは分析するわけです。その二つの言葉とは次のようなものです。マルクスはこのユアを現代のピンダロス（すなわちヴォルテールの『カンディード』に出てくるこの世の中のものは何でも合理的であることを確信する人物ですが）だと描いていますが、まさに的を射ています。

たえず中心の力（原動機）によって動かされる生産的機械装置の体系を、技巧と勤勉で監視する大人と子供の、さまざまの労働者の協業。

同じ対象をつくるために一致して休みなく働く、いずれも自動的に動くひとつの動力に従属する無数の機械的器官によって構成された、巨大な自働装置。

前者では労働者の主体的なかかわりが強調され、後者では自動装置の主体性が強調されていて、前者が機械のすばらしさ、後者は資本主義的生産における機械の意味を説いているというのです。つまり後者は巨大なシステムとして人間を自らのもとに従属させているわけです。それこそ工場システムです。

こうして、ただ何の技能もない見張り役の未熟練労働者と、ごく少数の科学的訓練を受けた技術者がそこに配置されるわけです。

労働者が機械に従属する——兵営的規律

マニュファクチュア的分業との違いは、一労働者が、もはやひとつの作業に従事するという問題ではなく、機械の部品のように、僕《しもべ》として仕《つか》えるということにあります。これは機械への従属、すなわち包摂《ほうせつ》を意味します。

こうしてマルクスは機械労働についてこう表現します。

機械労働は神経系統を極度に疲れさせ、筋肉のいろいろな動きを阻害《そがい》し、肉体と精神のあらゆる自由な活動を奪う。労働が楽になったということでさえ、機械は労働者に労働を与えないで、労働者の利益を奪ってしまうという点において、一種の拷問《ごうもん》となる。

機械が労働に代わるということよりも、機械が労働をむしばむ。このことこそ、資本主義がつくりだした、過去労働による生きた労働への支配ということになります。

ここでマルクスは労働の質の変化が、工場で何を生み出したかを説明しますが、それは一九世紀という時代が生み出した一種の兵営的な規律化だといいます。

ここでエンゲルスの『イギリスにおける労働者階級の状態』からの長い引用を注で記します。それは、工場の中ではもはや法律は適用されないということです。工場内での契約が外の世界の法律より優先するという世界、それが従属の問題と深く関係しているわけです。そしてあのフーリエが、工場を「緩和された流刑場」(bagnes modérês) と呼んだことを想起します。

第5節 労働者と機械との闘争

機械によって労働者は駆逐される

資本家と賃労働者との闘争は産業資本のまさに起源から始まり、マニュファクチュアの時代に荒れ続け、労働者は、機械の導入と同時に、労働手段と資本の物的存在様式を攻撃するようになる。労働者は、道具のこの特殊な形態に対して立ち上がり、そこに資本の技術的化身を見るのである。

ここでマルクスは、初期の労働運動に見られた機械打ちこわし運動の歴史に言及します。

しかし、当然この運動は、まだ技術そのものと搾取そのものとを混同しているわけで、やがて労働者は搾取形態そのものへの批判を始めるわけです。

それには機械によって駆逐されていく過剰人口の群れが、やがて労働者全体の労働力の価値を引き下げるという問題が前提にされます。そのもっとも具体的な例として木綿工業の没落という事実を引用します。機械によって駆逐された労働者の賃金は下がり、それはインドまで波及し、機械の資本主義的導入に対する批判は労働運動を活発化させたということを証明します。

もちろん、それに対する反対の言い分、やがて新しい分野が見つかるではないかという議論をあげています。失業した労働者にとって、「やがてとは、いつか」という問題のほうが死活問題なのですが。

第6節　機械装置によって駆逐された労働者に関する補償の理論

クビになっても次に仕事がある？

まさに、機械装置に駆逐された労働者が、他の分野で本当に雇用されるのか、という問題が起こったわけです。失業保険などの保障の中で、新しい部門を見つけられる今の時代の労働者とは条件が違うことは当然ですが、いつの時代も、それは簡単ではないということです。

ある種の産業部門から投げ出された労働者は、当然ながら何らかの他の部門において職を見つけることはできる。それを見つけ、彼らと生活の糧《かて》とのつながりがこうしてうまくいったとしても、それは以前に機械に転化した資本からではない、むしろ投資を求める新たな資本によってである。

そして、そのチャンスはいかに不安定なものであろうか。古い仕事とは違う、分業によって奇形化した人々は、わずかなチャンスしかなく、劣った、低い賃金の職場しかえることはできない。さらに、産業部門は毎年新しい人間を引き寄せる。それによって規則的な代替と成長のための人員を与える。機械がいまある産業部門に従事していた労働者を遊離するやいなや、代替要員は分割され、他の労働部門に吸収されるのだが、しかしながら、その過渡期の時期、最初の犠牲者の多くは困窮し、衰退するのである。

統計的にいう失業率何パーセントという表現が、いつも失業している者と、失業してもすぐに仕事を見つけられる者との差を説明できないのと似て、地底に淀む最低の労働者には、仕事はないということとなります。

機械が悪いのか？

問題は機械にあるのではなく、むしろシステムにあるといったほうがいいわけです。だから機械に罪がないとすれば、当然こういう言い訳も出てきます。

機械を批判しても意味がない。そのたとえとしてある話を出していますので、それを引用します。有名な首切り人ビル・サイクスの言葉です。

陪審員殿、この行商人の首を切ったのは間違いなく私めです。しかしこれは私の罪ではない。この刀の罪です。この当面の不都合を取り除くために、刀を捨てるべきだというのでしょうか。

こうして機械の導入によって、過剰人口が新しい分野に吸収されることを認めるマルクスですが、当然ながら、新しい分野がそれほどの規模で経済成長しない限り、あるいは国家の介入によって雇用創出がされないかぎり、非生産的な労働者の雇用の機会は実際にはあまり増えないということに気付いています。

確かに、一九世紀圧倒的な人口を占めていた家僕は、まさにそうした人口の受け入れ口であったわけです。現在の成長経済と国家介入の時代を予想しないかぎり、機械による駆逐が新しい分野を切り開くなどとは簡単に言えないことも確かです。

第7節　機械経営の発達にともなう労働者の雇用と反発

景気循環によって、不安に陥れられる労働者

マルクスは機械の導入が引き起こす労働者の駆逐とその吸収との過程をいくつかの場合に分けて分析しますが、ここで興味深いのは世界市場との関係で問題を設定していることです。ある分野に投入された機械がやがて特別利潤を引き出し、それが新たな投資を生む。こうして発展する部門は、やがて原料需要を引き起こし、海外、たとえばインドに木綿や、大麻などの原料輸出を強制する。そのことによって過剰人口をそうした地域に移民労働者として供出するというわけです。

こうして国際分業が生まれ、もっぱら工業を主とする地域と原料供給を主とする地域とに分かれる。こうした一種の投機熱は、やがて活況、繁栄、過剰生産、恐慌、停滞という循環を繰りかえし、つねに労働者の不安を拡大するわけです。

まず機械の導入、労働者の駆逐、しかし工場の拡張による再雇用――、雇われたり、クビになったりというめまぐるしい変遷の中に労働者を陥《おとしい》れることになります。

いわば景気循環と失業、再雇用の繰り返しのことですが、マルクスは木綿工業の運命を引き合いに出しながら、一八一五年から起こるほぼ一〇年周期の好況から恐慌までの景気循環と歴史的事件を関連させます、あまりにも長いので引用は控えますが、一九世紀の事件と経済との関係を知る貴重な部分です。こうした叙述は、景気循環によってつねに不安に陥れられる労働者の生活を描くことにその目的があります。

現在では「プレカリティ」(precarity：労働と生活の不確実性)という言葉がありますが、まさに実際の失業もさることながら、景気によって翻弄《ほんろう》される不安という問題を指摘しているわけです。

第8節 大工業によるマニュファクチュア、手工業、家内工業の革命

ミシンの発明

五つに分けられた段階(協業の廃棄、工場制度の家内労働とマニュファクチュアへの反作

用、近代的マニュファクチュア、近代的家内工業、近代的工場主工業及び家内労働の大工業への移行）の中でとりわけ重要なのは、やはり五番目の「近代的工場主工業及び家内労働の大工業への移行」でしょう。

女性や未熟練労働力を乱用したり、あらゆる標準的な労働・生活条件を強奪したり、過度労働と夜間労働によって労働力を著しく低廉化させることによって、最後には、もはやこれ以上乗り越えられない自然の限界に衝突する。それと同じ基礎に基づく商品の低廉化と資本主義的搾取一般も、この限界に衝突する。こうした点に到達すれば、それまでは長くかかったのだが、マニュファクチュアへの機械導入の時が始まり、点在していた家内工業（そしてマニュファクチュアも）を急速に工場経営へ転化させる。

こうした分野として服飾産業をあげます。革命をもたらしたのはミシンだと――。ミシンの導入によって男性労働者が駆逐され、女工がそれに取って代わったのでした。最初は小ミシン所有者が仕事をしていましたが、ミシンの低廉化で大規模なミシン所有者がこれらを駆逐します。こうして小規模のマニュファクチュア、家内工業が主だった分野で工場経営が進んだのです。

第9節　工場法施行（保険条項と教育条項）、イギリスにおけるその一般化

工場で働く児童のほうが能力があるという論理

こうした工場経営は、工場法を生み出したもとにあるわけです。その意味で標準労働時間という工場法の意味もさることながら、その中にある保険に関する条項と教育に関する条項は工場経営と深く関係しています。機械装置や、換気、清潔維持に関してほとんど十分な法が施行されていないというのです。むしろ家内工業やマニュファクチュアを工場形成に移行させるのを促進するような形で制定されています。

そして教育に関しても、次のような条項ができているわけです。つまり、児童が長く教室にいても能率があがらないので、能率をあげるために労働を強制する。ついには、工場で働く児童のほうが、集中力があり、一日中学ぶ生徒より能力があるという論理が出現し、児童の教育を発展させるため、学業の中に労働を組み込むという発想が生まれました。しかし結

局、そのためちゃんとした教育を受けることはできないのですが。

使い捨てのための教育

教育と労働というのは、今でもよく教育評論家が主張する論理ですが、すでに一〇〇年以上も前にそうした〝慧眼《けいがん》〟をもっている、きわめて工場主寄りの人々がいたということです。

しかしながら、これは結果として大きな矛盾をはらみます。なぜか。工場労働を強いられる児童は、工場では単純な機械、学校ではいい加減な教育を受けることで、後年工場から追い出されざるをえない無教養の持ち主になるわけですから。

今では大学もこうなっています。インターンと称して、本当の教育は労働から生まれると主張し、ちゃっかりと大学の中に労働訓練の場をつくり、一〇年ともたない労働者として教育するわけです。もちろんマルクスがここで言っていることは初等教育であり、大学教育ではありません。今では大卒の労働者の価値がここまで落ちたということは言えますが。ここでフランス語版のほうから文章をとってきます。ドイツ語版とニュアンスはかなり違っています。

自らの子供たちにはポリテクニック（実務中心の高等教育）や農業経済学などの学校をつくることで、近代生産の内的傾向に従わざるをえないブルジョワが、プロレタリアには「職業教育」のようなものしか与えない。しかし、なんとか工場資本から獲得した最初の譲歩としての工場法が、おそまつな初等教育と工場労働とを結びつけるだけのものであるとすれば、労働者階級による政治的権力の不可避的な収奪によって、労働者学校の中にも実践的な技術教育が認知されるであろうことは疑いない。

なるほど自分たちの子供には立派な教育をほどこし、労働者の子供には手抜きの教育をする。これは今も同じですね。出身が貧しい子供に限ってすぐ役に立つ教育にあこがれる。

そして最後に厳しい言葉をたたきつけます。「靴職人よ。靴職人のままでいろ」という言葉は、今では死語であると。新しい産業革命がこうし労働者を駆逐した後では、こうした職人教育すら意味がなくなっているのだと。もちろん、機械に張り付いているだけの教育は論外ですが。

家族が悪いのか？

そして次に家族の問題に移ります。報告ではこういいます。父親や母親の強欲が児童を早くから働かせ、たんなる機械にさせている。これを何とかしなければと。マルクスはこう返します。そうではない。家族を崩壊させたのは、資本主義の発展が子供たちを低賃金労働者として機械なみにしたからだと。そしてこの家族の崩壊は、それとしては歴史の運命であり、それ自体はけっして悪いことではないといいます。

家族の復活という現在の保守派の議論は、まさにこの当時の議会での議論とよく似ています。彼らは、子供の教育がだめなのは家庭が崩壊しているからだと言います。しかし家族の形態などが歴史上一定であったことはありません。つねに変化しているのだとマルクスは一蹴します。

工場法についてマルクスは最後に次のようにまとめます。これは未来社会へいたるひとつの展望を描いたものとして重要ですので、長いですが引用します。

工場法の一般化が、労働者階級の物的、精神的な保護手段として不可避的になったとき、それは、すでに示唆したように、分散した労働過程を大きな社会的規模の結合された労働過程に変容させ、したがって資本の集中と工場制度の支配を一般化し、促進する。工場法は、背後に資本の支配が部分的に隠れている、古い、過渡的な形態を破壊し、それを直接的、露骨な支配に代える。

だからこれによって、支配に対する直接的な闘争も一般化する。工場法は個々の工場での均一、規則性、秩序、節約を強要する一方で、労働日の制限と規制が技術に与える大きな刺激をもって、資本主義生産全体の無政府性と破局、労働の強化、労働者と機械との競争を拡大するのである。

小経営や家内工業の領域もろとも、工場法は「過剰人口」の最終的な逃避場所を破壊し、従来の全社会機構の安全弁を破壊する。

生産過程の社会的結合と物的条件もろとも、工場法はその資本主義形態の矛盾と敵対関係を成熟させ、やがて同時に古い社会の新しい、変化の契機を成熟させる。

この言葉は、ある意味ではマルクス的でないかもしれません。つまり法律が資本主義を一層発展させ、それによって資本主義が矛盾にいたるというのですから。いわば法律が生産力を動かしているようにも見えます。しかし法律、それを決定する国家は、つねに一方で資本の利益を受けながら、それを促進する役割をもつという役目を持っています。これについては後に分析することになりますが、労働者が命がけで獲得した権利が、いつのまにか資本の発展に組み込まれているという皮肉は、ここで理解しておかねばなりません。

第10節　大工業と農業

農業への打撃

こうして大工業は農業にも大きな影響を与えるというわけです。まず農民を労働者に変えるという点において、さらには農業経営を近代化する点において。そして一方で、大都市をつくることで労働者の精神を荒廃させ、食物の生産を増大させ、土地の自然的条件を攪乱《かくらん》します。

次の言葉は、現在の地球温暖化の世界を考える上でも重要な言葉です。

そしてどんな資本主義的農業の進歩も、労働者から略奪する技術の進歩であるだけではなく、同時に土地から略奪する技術の進歩であり、一定期間の豊土を高めるすべての進歩は、同時にこの豊土の永続的破壊の進歩である――だから、資本主義的生産は、あらゆる富の源泉である土地と労働者とを滅ぼすことにおいて、社会的生産過程の技術と結合とを発展させるのである。

第5編　絶対的剰余価値と相対的剰余価値の生産

第14章　絶対的剰余価値と相対的剰余価値

第15章　労働力の価格と剰余価値の量的変動

第16章　剰余価値率のいろいろな表式

第14章　絶対的剰余価値と相対的剰余価値

生産的とは何か？

冒頭から、生産的とはどういう意味かという問題が語られます。生産的労働を広い意味で解釈すると、共同体における労働は何でも生産的です。しかし、資本主義世界ではそうした定義はありえません。

しかし他方で、生産的労働の意味は狭くなる。資本主義的生産はたんに商品生産だけでなく、本質的に剰余価値の生産である。労働者は自分のためではなく、資本のためにつくる。ただ労働者が生産するというだけでは不十分だ。剰余価値を生産しなければならない。労働者が生産的なのは、資本のために剰余価値を生産するか、資本の自己増殖に役立つ場合だけである。

まさにこの剰余価値を算出することが生産的であるとすれば、これまでの経済学の学説史の中で、剰余が何であるかという違いによって、生産的労働の概念が違ってきたことを指摘します。これについてマルクスは別途、剰余価値学説史（カウツキーによって編集された『剰余価値学説史』）を書く予定であることを述べ、それ以上については触れません。

二つの「包摂」

そして、その生産的労働である資本主義社会の労働について言及し、労働日を延長して得られる絶対的剰余価値と、一定の労働日内で労働強化を行なうことで生まれる相対的剰余価値の問題へと移っていきます。

絶対的な剰余価値の生産は、旧来の生産様式によっても生まれる点で、資本はいまだ完全に労働過程を自分のものとして従属させていません。形式上従属させているだけなのです。これを「形式的包摂」(formellen Subsumtion) という言葉で表します。

そして、機械の導入によって生産そのものが資本に完全に従属する場合、つまり過去労働である機械への否応《いやおう》なしの労働過程の従属のことを「実質的包摂」(reelle) と呼びます。この区別はよく出てきますので、重要です。

第15章　労働力の価格と剰余価値の量的変動

やはり労賃は下がる

ここで労賃と剰余価値の量的変動がどう関係するかを見ますが、結局は、労賃が下がることで、剰余価値を引き上げるのだということです。とはいえ、労働日がどこまで下がるのかという興味ある問題も提起しています。

労働力の価値がその再生産以下に下がらないと置いてみると、剰余価値の大きさは、(1)労働日の長さ、(2)労働の強度、(3)労働の生産力、の三つにおいて決まることがわかります。この三つの組み合わせを作り、それぞれを調べます。

第1節　労働日の大きさと労働の強度が不変で、労働の生産力が可変である場合

ここで、六シリングの商品を構成する労働力の価値は三シリングで、剰余価値が三シリングだとしましょう。剰余価値を四シリングにしたいと思えば、労働者の生活費である必要労働量の価値を二シリングにするしかありません。

つまり、労働生産性が上がるということは労働力の価値が下がるということであり、労働

生産性が落ちるということは労働力の価値が上がるということなのです。剰余価値は、労働生産性が上がることによってしか増えないということになります。

第2節　労働日と労働の生産力が不変で、労働の強度が可変である場合

労働の強度が高いということは、その生産物の量が多いということであり、その労働生産物が六シリングから八シリングに増えることでもあるわけです。だから労働力の価値、すなわち賃金も上昇し、剰余価値も上昇することがありえます。

第3節　労働の生産力と強度が不変で、労働日が可変である場合

この場合、労働日は縮小する場合と増える場合があるのですが、縮小する場合には当然、

剰余価値も減ります。一方、増える場合、剰余価値も増えることになります。時によって労働日は延長せざるをえないわけですが、労働力の価格が同じだとしても、延長によって出てくる消耗度によって、事実上労働力の価値は減ることになります。

第4節　労働の強度、労働日、労働の生産力すべて可変の場合

この場合は二つに分かれます。まず労働の生産力が低下し、同時に労働日が延長される場合、労働の生産力の低下は労働力の価値を引き上げるので労働日は変わらなければ剰余価値は減少します。しかし労働日の延長によって剰余価値が増えることもあるわけです。

具体例としてナポレオン戦争の時期、すなわち大陸封鎖令のころ（一九世紀前半）、生活費の価格が上昇した事実を考えます。このときは労働日の延長と労働強度によって剰余価値を上げたわけです。

第二に、労働の強度と生産力が上昇して、労働日が短縮される場合。この場合、労働力の価値は下がります。資本主義社会では剰余価値を生まねば意味がないので、かりに労働時間

が減少することはあっても、剰余価値を下げるような労働時間の減少はありません。もちろん資本主義が廃止されても、社会的費用としての余剰労働は残るわけです。

マルクスはここで、労働時間が短縮される世界の可能性について述べているのですが、資本主義社会は、多くの人の労働でわずかな人の自由時間を支えており、労働時間の減少はある程度の限界を持つと考えています。

労働時間ゼロの世界はありうるか、あるいはどこまで労働時間が下がるのかという問題は大きいのですが、長いこと、週四〇時間より下がってないことをみると、やはり剰余労働を確保する社会では、容易に労働時間を下げることはできないということがわかります。

第16章　剰余価値率のいろいろな表式

搾取率としての剰余価値率

『資本論』でもっとも短い章です。ここでマルクスは剰余価値率の意味を読者に知ってもらいたいために、いわばまとめのような形で書きます。まずとりあげられるのは、剰余価値率の表式です。

表式Ⅰ

$$\frac{剰余価値}{可変資本} = \frac{剰余価値}{労働力の価値} = \frac{剰余労働}{必要労働}$$

この表からわかることは、搾取の程度ということです。労働者階級と資本家階級との取り分の問題、どれほどの価値を取られているか、言い換えれば、労働時間をどれだけとられているかという問題が、明確に図式化されているわけです。マルクスはあくまで経済学の対象を二つの階級間の問題として考えているわけです。

こうした式を明確にしたのはマルクスだけであるわけですが、スミスやリカードといった古典派経済学、いわゆる経済学のこれまでの学派は、次のように考えていました。前貸しした資本によって、労働者がどれだけの剰余価値を生むかと考えたわけです。

表式Ⅱ

$$\frac{剰余労働}{労働日}=\frac{剰余価値}{生産物の価値}=\frac{剰余生産物}{総生産物}$$

大きな違いは、前者がお互いの取り分が明確であるのに対し、後者では労働者の取り分は最初から問題になっていないということです。むしろ生産物、労働日の中から、わずかながら資本家が剰余価値をお礼としてもらっているという外観が生じます。おのずと搾取率は低いわけです。

不払労働と支払労働

マルクスは「表式Ⅰ」からさらに「表式Ⅲ」を導き出します。

表式Ⅲ

$$\frac{剰余価値}{労働力の価値} = \frac{剰余労働}{必要労働} = \frac{不払労働}{支払労働}$$

「表式Ⅲ」ではもっと明確な搾取関係が表わされます。それは自らの労働支出に対し、どれだけのものが代価として支払われたかどうかがわかるからです。

ここでこう述べます。

アダム・スミスが言うように、資本は、たんに労働に対する獲得権ではない。本当のことを言えば、不払労働に対する獲得権である。のちに利潤、利子、地代などの中に結実しているすべての剰余価値は、その実体から見て、不払労働時間を体現した物である。資本の自己増殖の秘密は、支払われない疎外された労働のある一定の量を獲得することによって解消されるのである。

資本は労働を獲得し、そこから剰余を引き出すのではなく、じかに剰余労働を引き出すのだと述べるわけです。

第6編　労働賃金

第17章　労働力の価値または価格の労賃への転化
第18章　時間賃金
第19章　出来高賃金
第20章　労働賃金の国民的差異

第17章　労働力の価値または価格の労賃への転化

もう一度、労働力商品とは何かを確認する

こうして搾取される労働力の価値の内容が明らかにされます。この第6編も第5編と並び非常に短いのですが、内容的にはかなり重要な編です。

まず、労働力商品の原点に返ります。商品交換は等価交換である。だから等価交換であるとすると、労働力商品に対する代価として支払われる貨幣に不等価はありえない。しかしそれでは、剰余価値は出てこないわけで、資本主義社会の本質そのものが揺らぐ。

ここで再確認するわけですが、労働力商品の二重性は、他の商品の二重性とは違い、不等価交換の源泉になるということです。他の商品は使用価値と価値が質と量に分かれていますが、労働力商品の使用価値と交換価値は、ともに量に還元できるのです。そこで起こる問題です。

労働の価値という言い方はおかしい

労働者が売るものは労働ですが、それは労働者という身体があってこそのもの。資本は労働を獲得するのですが、労働者のない労働には意味がない。そこで「労働の価値」という表現の問題があります。労働の価値という表現はすべて働いた分への支払いだという意味が込められている。そこでは資本主義社会における問題点が不明になっています。

労働の価値は何によって決まるか――。

それが商品だとすれば当然、需給《じゅきゅう》関係で決まる。しかし、この商品の持ち主は原価を割るとたちどころに死んでしまう商品ですから、需給関係の問題以上に、原価を作り出す再生産費用が重要になってきます。それは何かといえば、労働ではなく、むしろ労働力（このほうが労働の持ち主のことがよくわかる）の価値だということになります。

だから、政治経済学が労働の価値と呼んでいるものは、実際には労働力の価値である。それは、労働者という人間のなかで存在していて、その労働者の機能である労働とは違う。それは、ちょうど機械そのものと、その機能が違うのと同じである。

資本主義社会で用いられる言い方

労働の価値が労働力の価値ならば、それは当然、その持ち主の再生産費用ということになります。すると今度は、それは一二時間という全労働日を意味するのかという問題に突き当たります。必要労働と剰余労働に分かれると考えたとき、おそらくその半分の六時間分しか支払われていないこともはっきりとします。

しかし、この資本主義社会ではそうは言いません。何と言うかというと、「賃金」という言い方をするわけです。この言葉は、もはや必要労働や剰余労働との関係を一切含まないので、賃金は一二時間労働すべての対価だということになっています。価値ではなく、貨幣による「価格」という表現によって、すべてが見えなくなるということです。

マルクスは商品を分析するにあたり、価値の問題をしつこく追究したのですが、それも、この資本主義社会で使われている用語には、真の人間関係の意味が消されているということを明らかにするためでした。だから初めの議論を確かめながら、この賃金という不思議な概念を分析しなければならないのです。

したがって、労働力の価値と価格を、労賃の形態——労働自身の価値と価格——に変えてしまうことがいかに重要なことであるかがわかる。

現実の関係を不明確にし、まったく逆のものにしてしまう、こうした現象形態の上に、資本家だけでなく、労働者のあらゆる法律的観念、資本主義的生産様式のあらゆる神秘性、自分たちは自由であるというあらゆる幻想、俗流経済学の弁護論的なあらゆる言葉が形成されている。

なるほど、誰も四〇時間の労働に対して給与をもらっているのだということについて疑問をもたないものです。確かに、「資本の利潤は」などと全体についてとやかく疑問をもち始めないかぎり、小さな局面での納得はできます。まさに限定された局面だけで納得できる議論こそ、こうした賃金という言葉の本質であるということです。

第18章　時間賃金

労働の内容に関心をもて

しかしながら、現在の私たちは、実際のところ、時間給で生活する人々以外には、基本的に月給としてもらっているわけです。その内容と労働時間がどこまで関係しているかなどということは、あまりとやかく考えません。

もしそこに関心が向けば、たとえばフランスと日本でこれほどまでに労働時間（あくまで統計上であり、実際はもっと違うと思いますが）が違い、一時間当たりの賃金は日本ではかなり低いということに怒りをもつはずが、その最前線にいるはずのフリーター（日本の場合は時給七〇〇～八〇〇円、フランスでは、ユーロが高いからでもありますが、時給一二〇〇円）ですら、あまりピンと来ていないのです。

それはなぜかというのが、この章、そして次の章のポイントです。

まず基本的には、時間賃金で労働者の賃金は決まるわけですが、労賃はそれをそのまま一日、一週間、一カ月と足したもので決まっているわけではないということです。労働者が何に関心を持つかについてマルクスは注の中でこう語っています。

したがって、労働者が主に関心をもつのは、受け取る労賃の額、労賃の名目であり、彼が与えた労働の量ではない。

どれだけ働くかよりもどれだけ得られるかを考えて仕事を選ぶ。そして、あとからこんなに働かされるとは知らなかったということになるわけです。しかし逆に時間で賃金をもらえばどうなるかというと、数時間働かせてやめてもらうことも可能です。そうなると再生産はできない。したがって、いずれにしろ再生産が可能なだけの労働日を要求する必要があることも確かですし、それに対して賃金を獲得する必要もあるわけです。

たとえば、残業などがそうです。四〇時間の週労働を超える場合に残業があるとしても、この部分はすでに再生産を保証しているわけですから、雀の涙ほどしか与えません。いやたとえ多く見えたとしても、その人の標準労働日の時間給よりも安い。

また月給の低い労働者は、残業を求めて労働時間を延長します。そうするとますます時間当たりの賃金は下がり、労働力の価値、賃金は全体として減っていきます。労賃の下落はこうして労働者相互の競争によって起こるわけです。

第19章　出来高賃金

出来高賃金に注意！

労賃の形態のもうひとつに、出来高払いの賃金があります。これは時間賃金の転化形態だといいます。労賃は労働力の価値の転化形態ですが、その特徴は労働力の価値への正当な支払いが見えないことでした。同じことはその転化形態である出来高賃金にもいえます。つまり出来高賃金は、ますます労働力の支出に対する正当な支払いが見えなくなる形であるということです。

現代は能力給の時代と謳《うた》われ、ますますこうした出来高給への希望がわいている時代ですから、マルクスの議論には注目すべき点が多いと思われます。同じ労働時間働いたとしても自分のほうが、出来高が多い、つまり能力が高いのだから高い給与であるべきだという論理が陥る落とし穴の問題です。

まず、この形態が資本主義の生産にとって好都合だということです。もちろん出来高制も基本的には一定の労働時間の中で行なわれるわけで時間賃金の形態をとっていますが、多く成果をあげることによってそこに割り増しがあるということは、より単位当たりの労働時間の強度が増すということです。

それと同時に、こうした形態によって資本は労働者がサボるかどうかを監督する必要もなくなり、労働者自らが率先して労働することを可能にするわけです。

お互いに賃金を引き下げあうシステム

しかも派遣労働、請負労働のような形で、正規の労働者に対して、それに勝るとも劣らぬ労働者を引き入れる下請けのような形態を拡大することを可能にします。こうした末端の労働者から搾り取るシステムを「苦汗《くかん》制度」(sweating system)と当時のイギリスでは呼んでいたということですが、まさに二一世紀の今は、この制度が謳歌している時代かもしれません。

マルクスはこんな例をあげています。資本家が主要な労働者と契約を結び、その労働者はさらに別の労働者に仕事を投げる。こうして、ある労働者が別の労働者から搾り取るわけです。ここまで明確な形態はないとしても、休暇中の代理、大学の非常勤講師などは、正規の労働者が休んでいる間に低賃金で仕事をすることで、経営者からのみならず、その専任職員からも搾取されるという形になるわけです。

このように、自ら率先して資本のために尽くす労働者を作るという点で、出来高賃金は資本主義にとって、よりふさわしい形態ともいえます。結局、抜けがけを狙って殺到する労働者が、平均的な出来高をさらに上げることで、生産量を増やしながら、同時に労賃は下げていく——資本にとって、これほど魅力的なシステムはないわけです。

労働に見合った対価が支払われていない！

出来高賃金は、労賃の上昇を招くよりも、引き下げを可能にするシステムだったのです。だからこそ、出来高賃金は労働者の不満を爆発させたわけです。

なぜなら、一方で資本家は労働価格を実際に引き下げる口実を必要としているからで、もう一方で労働の生産力の増大は、労働力の強化の増大をともなうからだ。また、労働者が、あたかも彼の生産物に対して労賃が支払われ、労働力に対しては支払われていないかのような外観を真に受け、こうして、商品販売価格のそれなりの価格値下げを伴わない労賃引き下げに反対するからである。

皮肉なことですが、出来高制の労働者は原料や諸費用を計算し、資本家は儲けすぎているではないかということを知るようになってしまうのです。だから、逆に労働に見合った対価が支払われていないと言い出すのです。能力主義が生み出す思わぬ落とし穴というべきかもしれません。もちろん資本は、それは考えすぎだと軽くいなすのですが。

第20章　労働賃金の国民的差異

なぜ先進国の賃金は後進国より高いか？

まずここで取り扱われるのは、なぜ、生産性の高い国の労働者の賃金が、それ以外の国の労働者の賃金よりも高いかということです。より高い強度でもって労働する、生産性の高い国の労働者は、より弱い強度をもって生産する地域の労働者よりも、貨幣形態に換算したときの賃金は高いということになります。

当然ながら、生産性の高い国の国民の貨幣価値は、そうでない国のそれよりも低い。物価もそれなりに高いということになります。だから、名目賃金は高いということがいえますが、実質賃金も高いかどうかまでは言い切れません。

とはいえ、実際には、生産性の低い国、名目賃金の低い国から安い商品が入ってくれば、賃金自体も増大し、こうした国々で販売される生産性の高い国の商品がより多くの利益を得れば、結果として海外の労働者を搾取したことになり、生活水準は上がるわけです。しかしここでは、マルクスはこうした点について問題にしません。

それぞれの国における必要労働と剰余労働との比率を見れば、むしろ生産性の高い国のほうが高い。搾取率は高いのだということを指摘します。

生産性が上がれば、賃金も上がる？

各国の生産性と賃金を比べれば、当然生産性の高い国の方が高いということがわかります。それはある意味で、慰《なぐさ》みではある。苦しい時は隣の国を馬鹿にしろということです。今でいえば、インド、中国よりましかという気休めです。だからアメリカの経済学者ケアリのように生産性が上昇すれば賃金が上昇する。それは比例関係だと主張するものが出てきます。

しかしこれは、そう単純な論理ではないわけです。その点のマルクスの分析はこの段階では十分ではないのですが、労働運動、国家の介入、植民地貿易、軍事介入などさまざまな要因によってこうした条件が作り出されていったことも確かであり、そうした条件を除いて、理論だけで生産性の上昇は賃金の引き上げをもたらすといえないことは当然です。まさにこの問題は、経済学の理論の外にある問題ですが、実はここにこそ資本主義社会の大きな謎があるわけです。第7編ではこの謎にせまります。

第7編　資本の蓄積過程

第21章　単純再生産
第22章　剰余価値の資本への転化
第23章　資本主義的蓄積の一般法則
第24章　いわゆる本源的蓄積
第25章　近代植民理論

第21章　単純再生産

さあ、いよいよ最後の編に来ました。これで終わりなのですが、実はこの編が一番長いのです。本論の三分の一を占めています。しかもそれが、資本主義社会以前の歴史を問題にするというのですから、歴史的射程も長い。さて、繰り返し言いますが、『資本論』は、資本主義社会のメカニズムを暴露する本です。その意味では、歴史的な視点から、その成立過程を知ることは重要だということです。資本主義社会は、永遠の世界として、自らの過去をばら色に描いているわけですから。そうではないのだという歴史批判が必要なわけです。

単純再生産モデル——労働者の再生産

まずマルクスは毎年生産が拡大しない単純再生産というモデルを設定します。これはもっとも単純なモデルですが、拡大再生産モデルの原形ともいえるものです。資本家が自らの消費に使い、それを投資しなかった場合がこの単純再生産モデルとなります。しかしその場合でも、資本家が労働者を搾取していることは変わりません。

資本家は、まず労働者を雇用し、彼に労働力の価値を支払う貨幣をどこかで貯めておかねばなりません。繰り返される再生産の中では見逃される問題だとしても、最初の貨幣がどこから来たかは重要な問題です。このことこそ、第7編のもっとも大きなテーマとなります。必ず最初に元本があって、これが労働者に前貸しされ、それを労働者が補塡《ほてん》し、剰余価値を生み出す。そして、また前貸し――と、同じことを繰り返していきます。

単純再生産ですから、資本家が消費してもかまいません。いずれにしろ最初に貯めたお金は彼の労働だとしても、それ以降は、すべて労働者が生み出したものであることには変わりはありません。

労働者は自由ではない

ここで重要なことは量的な再生産の問題ではなく、労働者も再生産されていることです。

この労働者の不断の再生産または永久化こそ、資本主義的生産の不可欠の条件である。

労働者は、まずは自らの労働力の価値、すなわち賃金部分を消費し、自らの労働力を資本家のために消費し、より多くの剰余労働を生産します。こうして、労働者は自らの労働者としての地位も、同じように再生産するわけです。

だから、特殊技術をもった労働者がほかの都市、あるいは海外に行くことなど、資本家は決して許さないわけです。奴隷ではないのですが、移民制限や産業スパイなどといろいろなこじつけをして、他企業や外国に出さない。また逆に、単純労働者の移民受け入れは禁止する代わりに、専門技術者は受け入れようとするのも同じことです。これは肉体を支配するということではないのですが、結果的には自由な移動を制限しています。「出て行くなら、これまでのお礼を置いて行け」と言われるわけです。

マルクスは、綿工業主ポッターの言葉を借りてこう言います。

選ばれた綿工業主の代弁者であるポッターは、二つの「機械」を区別している。二つとも資本家に属しているが、ひとつは工場の中にあり、もうひとつは、夜そして日曜日、外の小屋に住んでいるのだ。

ひとつは死んでいて、もうひとつは生きている。死んだ機械は毎日劣化し、価値を減らすのみならず、存在する多くの部分がたえざる技術進歩によってたえず時代遅れになり、数カ月のうちで新しい機械に置きかえるほうが有利になる。

しかし、生きた機械は、まったくこれと逆である。長く生きれば生きるほど、何世代かにわたる技術を自分のものにできる。そして、より長生きするのだ。

ポッターはなるほど正直者だということです。ここでいう「生きた機械」とは、もちろん労働者のことです。結果的に優秀な労働者のアメリカ移住は阻止されたということです。

第22章　剰余価値の資本への転化

第1節　拡大された規模での資本主義生産過程。商品生産の所有法則の資本主義的領有法則への転化

不思議な話

冒頭の文章はこの章の中身をずばりと述べています。

前の章では、剰余価値が資本からいかに生まれるかを考察しなければならなかったのだが、今度は剰余価値から資本がいかに生まれるかを考察しなければならない。剰余価値の資本としての利用、剰余価値の資本への再投資、すなわち資本の蓄積である。

ずばり拡大再生産を取り扱うというわけです。労働者が生み出した剰余価値を消費することなく、それを新たな生産手段と労働力に投資すると考えます。こうしてマルクスは旧約聖書の話を引用します。

アブラハムはイサクを産み、イサクはヤコブを産み、云々という昔話である。最初の一万ポンド資本は二〇〇〇ポンドの剰余価値を産み、資本化される。二〇〇〇ポンドの新しい資本は四〇〇ポンドの剰余価値を産み、それは再度資本化され、したがって追加資本に利用され、新しい剰余価値八〇ポンドが生み出されるなどなど。

この過程は、最初の一万ポンドはどこから来たかを取りあえず問わなければ、それ以降の追加資本は当然労働者の搾取から生まれていることを意味しています。こうして搾取をとおして、資本が拡大再生産されていくことこそ、資本主義の拡大再生産であることがわかります。こうしてまさに、所有の法則が個人の労働に基づく所有から、他人の労働を支配する領有法則に変化していることがわかるわけです。

こうして領有法則は、資本家にとって他人の不払労働を自分のものにする権利、他方で、労働者にとって自分のつくり出した生産物を放棄する権利として出現するわけです。

第2節　拡大された規模での再生産における政治経済学の間違った見解

拡大再生産は労働者に有利か？

まず、資本家は、不生産的な消費に費やすのではなく、貨幣を蓄積することが生産的であると理解したのですが、このままでは退蔵（持ち腐れ）してしまいます。その意味で、古典派経済学が、生産的な投資を生産的だと考え出したことは、すぐれていると指摘します。

しかし問題はその先です。つまり、古典派経済学は、最初につくり出された剰余価値が、再投資されるのは可変資本、つまり新しい労働者の生活手段の購入に対してであると考え、不変資本の購入に向けられる部分もあることまで考えなかったのです（不変資本という概念がなかったので当然なのですが）。

結果、当然のように起こったことは、追加投資はすべて新しい労働者の労賃になるという誤解です。マルクスは、この議論をブルジョワが利用したことはしかりだと付け加えるのを忘れていません。ようするに、拡大再生産はつねに労働者の雇用を生み出すという発想に利用されるわけです。

第3節　剰余価値の資本と収入への分割——節欲説

蓄積から投資へ

ここでは資本ではなく、資本に魅せられた資本家が登場します。資本蓄積の発展とともに飽くなき増殖欲に目覚めた資本家が、それまで貨幣蓄蔵に走っていたのに、突如として、どんどん投資するようになるわけです。こうして資本家は富を禁欲するのではなく、あたらしいタイプの富の源泉を発見するようになるわけです。

そして資本に与えられた命題がでてきます。再び旧約聖書です。

蓄積せよ、蓄積せよ！（フランス語版では、節約せよ）**それがモーゼと預言者である！**（モーゼと預言者は、なぜかフランス語版では割愛されています）

「勤勉は蓄積される材料を供給する」――したがって、貯蓄せよ、貯蓄せよ！できるだけ剰余価値の、剰余生産物の多くの部分を資本に再投資せよ！蓄積のための蓄積、生産のための生産、古典派経済学はこの公式でブルジョワ時代の歴史的使命を語った――古典派経済学は、プロレタリアを剰余価値生産のたんなる機械としてのみ問題にしたが、資本家もこうした剰余価値を剰余資本に転化するための機械としてしか考えていないのだ。

資本の人格化された存在であった資本家も、プロレタリア同様のこの資本主義の掟に巻き込まれてしまいます。それは『共産党宣言』の第1章で、地獄から生産力の悪魔を呼び出した資本家が、その悪魔にひたすら仕えざるをえなくなったという表現があります、まったくそれと同じです。

いかにブルジョワは擁護されるか

そして一九世紀前半、この古典派経済学の中で、富を資本に再転化するより、浪費するほうがいいのではないか、いやもっと蓄積すべきだという能天気な議論が展開するが、やがて、こうした議論は、一八三〇年の革命以後起こる、リヨンの労働者蜂起、イギリスの焼き打ち、オーウェン主義、サン＝シモン主義、フーリエ主義によって、崩壊していくとマルクスは語ります。

しかしその中に、あのブルジョワをつねに擁護する「最後の一時間」（第7章）のシーニョアが、「節欲」（abstinence）という言葉を考えたというのです。

蓄積を担うのは、資本家が我慢して蓄積するからだという節欲説ですが、のちにこの説はいろいろ形を変えて資本の利潤形成の理由として登場してきます。やせ我慢が価値になる、なるほど大発見です。

第4節　資本と収入への剰余価値の分割比率から独立して蓄積の大きさを決定する諸事情——労働力の搾取度——労働の生産力——利用される資本と消費される資本との差額の増大——前貸し資本の大きさ

やはり賃金を下げるしかない！

この節のタイトルは大変長いのですが、ようするに、剰余価値が消費に回るか、投資に回るかは、剰余価値の大きさによって決まる。それならば剰余価値率を高めるにはどうしたらいいかという問題です。

すなわち労働者の贅沢を減らし、賃金をどんどん下げるべしです。そして大量に労働者を雇い、長時間働かせ、労働強化すればいいということは明らかです。

労働の強化とは新しい生産力をもった機械をどんどんいれ、生産量を増やすことです。それは労働者の労働の強化につながります。しかしそれに応じて労賃を上げるなら意味がないわけで、労賃を据え置くことで労働者にしわ寄せをするということになります。

こう最後にマルクスは述べます。

労働力の搾取度が与えられている場合、剰余価値の量は同時に搾取される労働者の数によって決まり、労働者の数は、割合は異なるが資本の大きさに対応する。だから、資本が継続的蓄積をつうじて増大すればするほど、価値総量（消費部分と蓄積部分に分かれる）も増える。資本家は、贅沢に生きると同時に「禁欲する」こともできる。（この部分はフランス語版では割愛）

そして最終的には、生産規模が、前貸しされる資本の量によってますます大きくなればなるほど、生産のすべてのバネがエネルギッシュに働くようになるのだ。

第5節　いわゆる労働基金

労賃の値は、前もって決まっている

資本の価値増殖のために、労働者の賃金がいかに抑えられるかという問題です。とくに、労働者の賃金になる部分は国によって決まっているという考えを労働基金説といいますが、それはすでに見たように定まったものではなく、資本と労働とのすさまじい戦いの中で決まるものです。

もちろん資本としては少ないほうがいい。だから資本の側に立つと、今払われている総労賃を労働基金として、それを労働者の人数で割る。そうするとそこに一人当たりの労賃があたかも前もって決まっていたかのように見えるわけです。

第23章　資本主義的蓄積の一般法則

第1節　資本の構成が同じ場合、蓄積による労働力への需要増大

機械化は、農民を労働者にする

ここでまず「資本の有機的構成」という用語を理解しておく必要があります。剰余価値率が、労賃と剰余価値との構成、つまり搾取率を意味する言葉なら、この有機的構成とは、労働者の労賃である可変資本と、生産手段である不変資本との割合のことです。別の言葉でいえば過去労働と生きた労働の割合のことです。

なぜこれが問題になるかといえば、資本の蓄積が進むにつれて、有機的構成の割合は高まる。つまり過去労働が増えてくるということです。この蓄積された過去労働とは何かという問題が、本章のテーマとなるのです。

毎年蓄積が進むということは、もちろん毎年獲得される剰余価値が生産に再投資されるということですから、当然労働者への需要を惹起《じやっき》します。その意味において労働者の雇用は増え、場合によって賃金は増大することもありえます。

もっとも多くの場合は、労働者への需要が農村からの労働者の供出を拡大し、労働者人口の増大、すなわちプロレタリアのますますの増大をもたらすことは間違いないわけです。このことは、プロレタリアの資本への従属の再生産であり、所得上昇の問題とは、とりあえず別の問題であることをマルクスは強調します。

図らずも真実を語った三人

ここでマルクスはまことに正直な三人の人物を紹介します。一七世紀のジョン・ベラーズ、マンデヴィル、F．M．イーデンの三人です。三人とも富裕者が豊かになるのは貧しい労働者のおかげだということを、意図せずにちゃんと理解して、注意を促していることです。その中からイーデンの文章を引用します。フランス語版のほうが詳しいので、そちらを引用します。

「われわれの地帯では欲求を満たすために労働を要求し、そのため少なくとも倦《う》まずに働く一部の人を必要とする。――彼らの中には働かないで産業の生産物を自由にしえるものもいる。しかしこうした所有者はこの便利さを文明と既存の秩序に負っているだけである。それは市民制度によってつくられたのである」

イーデンはこう聞くべきであっただろう。市民制度を作ったのは何かと。しかしながら、法的な視点は、法を生産の物的関係の産物ではなく、逆に物的生産関係を法の産物だと考えているのだ。ランゲはモンテスキューの法の精神の幻想的な奇形化を一言でひっくり返したのだ。彼はこう言う。「『法の精神』、それは所有である」と。しかしイーデンの話を続けよう。

「市民制度は、実際には労働の果実を労働による以外に得ることができることを承認したわけである。独立の財産を持っている人は、この富のすべてを、他人とほぼ変わることのない自分の能力にではなく、他人の労働に負っている。貧者と富者とを分かつのは、土地や貨幣を多く所有しているかどうかではない、労働の支配力（英語の command）の問題である」（この部分、ドイツ語版では注）

ここで、イーデンこそ唯一人アダム・スミスの理論を発展させた人物であると高く評価していますが、思わず出てしまった本音であるわけです。フランス語版はドイツ語版の注記をそのまま文章に入れたわけですが、このほうが理解しやすいことは確かです。かなり重要な文章です。物的生産関係が法を規制するのだということですから。

ちなみに、ランゲはあまり有名ではない一八世紀のフランスの人物ですが、モンテスキューと同時代の人物で、一七九四年、恐怖政治の犠牲になります。

自らの手でつくったものに支配される

さてこうした関係ですが、当然それが労働賃金の騰貴《とうき》をもたらし、労働者がわずかばかり豊かになることをマルクスは無視しているわけではありません。しかし毒舌家で、かつ未来永劫《えいごう》を見抜く人物マルクスは、こう言います。

資本の蓄積の結果生まれる労賃騰貴の意味するところは、実際、賃金労働者が自分で鍛え上げた黄金の鎖の大きさ重さが彼の緊張を解きほぐすということだけである。

わずかばかりのお金に酔いしれ、この世の春を謳歌《おうか》する様はまさにこれでしょうか。

そして二つの場合を述べます。まず賃金が騰貴し、蓄積も進む場合。この場合、資本は何も文句をいわない。もうひとつの場合、賃金は上昇するが、蓄積が鈍る場合。まさにグローバリゼーションの時代の幕開けなどがそうでしょうか。当然賃金を下落させ、蓄積を増やす欲望に駆られるわけです。そして結びの言葉はこうです。

だから事実はこう表現される。自然法則に神秘化された資本主義蓄積の法則は、資本関係の絶《た》えざる再生産と絶えず拡大された規模での再生産に重大な支障を来《きた》すような、労働の搾取度の低下、労賃の高騰《こうとう》はすべて排除されると。

当面の富は、労働者の欲望の発展のために存在するのではなく、逆に現存価値の増殖の欲望のために労働者が存在するという状況の中で、これ以外に考えられようもないのだ。宗教では人間がつくったもので支配されるように、資本主義生産では自らの手でつくったものに支配されるのである。

第2節　蓄積の強化とそれにともなう集中による可変資本の相対的減少

資本の集中――お互いを食い合う

さて、この節では、追加投資される剰余価値が、可変資本以外に投資される場合が問題になります。つまり不変資本、生産手段に投資されるということです。こうなると可変資本部分への投資はさほど増えないということなります。

マルクスはこのことを「有機的構成の高度化」とも言いますが、可変資本ではなく、不変資本により投資されることを意味しています。蓄積が進行するにつれて不変資本の割合がどんどん高くなっていきます。

こうした条件が起こるには、当然はじめに本源的蓄積ありきで、スタートラインですでに資本を蓄積した人がいて、その人が資本家にならねばならないわけですが、これは次章に委《ゆだ》ねられ、当面はこのあくなき蓄積の問題に焦点は絞られます。

前提とされるのが、小資本をもった資本家です。最初は多くの資本家がいます。この資本家たちは競争することによって、まず蓄積を行ないますが、その競争に敗れたものは、その蓄積を別の資本家に収奪されていくのです。こうして資本蓄積はたんに個別の資本家の努力だけでなく、収奪によっても拡大されることになります。有名な文章をここで引用します。

（経済的進歩のある段階で――フランス語版）この社会的総資本の多くの個人資本への分裂、あるいはそれぞれの反発は、その牽引力とは別の運動によってもたらされる。

これはもはや蓄積と混同される生産手段と指揮権の集積ではない。むしろすでに形成された資本の集積であり、個別資本の独立性の廃棄であり、資本家による資本家の収奪であり、多数の小資本から少数の大資本への転化である。――ここで資本が大量にひとつの手の中で大きな塊となって膨張するのは、別の場所で多くの手から資本が奪われるからである。これは蓄積や集積とは違う集中である。

個別資本の蓄積を促す牽引力《けんいん》とは別の、お互いを食い合うという力によって新しい集積が生まれていくということです。これを「集中」といいます。

資本の収奪戦へ

集積（貯蓄すること）と集中（どこかに集めること）というのは資本蓄積のもっとも大きなテーマです。

個別の資本が戦うことで蓄積が増えるだけでなく、お互いが食い合うという闘争過程こそそれです。ただしマルクスは、この第1巻ではそうした競争の問題を取り扱うことはしていませんので、示唆だけにとどめます。ようするに、エンゲルス編集の第3巻で議論される、平均利潤率と個別の利潤率との差異をめぐる熾烈《しれつ》な戦いで、より高い利益を求めて利潤率の高い分野に資本が押し寄せ、小さな資本をむしばんでいく姿のことです。

実はこれには、さらに信用制度の問題がからんできます。信用制度とは、小さな資本を集積し、それを大資本にさまざまな形で貸し付けることで、こうした戦いをより有利にすすめる信用制度（株式、貸付など）のことです。資本の収奪戦の武器として信用制度が大きな役割を演じるわけです。ただしこれも第3巻のテーマとなります。

現在の資本主義が技術開発や市場占有率の拡大をねらって規模をどんどん大きくするのは、まさにこうした集中と集積の結果であるわけです。合併であろうとも、企業買収であろうとも、増資であろうとも、形はどうであれ、基本運動は変わらないわけです。その意味で、株式会社の制度は画期的な出来事で、巨大なお金を一気にかき集めることに成功したわけです。現在はそれが地球規模で行なわれているだけです。

さてこのことは、一方で巨大な生産力を技術開発と生産手段に依存することになり、ますます可変資本部分である労働者への需要を減らしてきます。世界的な大企業になったことで、より労働者の雇用を増やすのではなく、より減らすということ、つまり先進国の労働者を途上国の労働者の雇用に変えることなどは、まさに労働者の需要を減退させていることです。給与の高い労働者は不要になるということになります。

第3節　相対的過剰人口または産業予備軍の累進的生産

つねに労働者のスペアを必要とする社会

労働者の過剰人口の問題は資本主義の発展と結びついているわけです。一八世紀まで世界の人口は停滞的であった。しかし一気に増大した。その理由はまさにこの資本主義の集中・集積に関係しています。まず労働者需要の問題です。剰余価値生産のために労働者需要は増大する。追加資本はさらにそれを加速していくわけです。

しかしこれは比例的ではない。突然過去に戻り、労働需要の減少をつくり出す。しかし人口はそう簡単に調節されない。こうして過剰な人口が、資本主義自体の景気のスペアのように絶えずつくり出されていくわけです。今や途上国の過剰人口はグローバリゼーションのおかげで、低賃金労働者を求める資本の格好の目標となっているわけです。ただしこれもマルクスの論理からすると長く続くわけではないことになります。

マルクスはこの資本主義の現象をいとも簡単に、いやかなり残酷に、こう書いています。

資本主義的蓄積はむしろ、そのエネルギーの大きさに比例して相対的な――しかし、資本の平均的な価値増殖にとっては過剰な――つまり、過剰あるいは付加的な労働者人口を絶えずつくり出すのである。

しかし、この過剰人口それ自体の問題が、資本主義にとって致命的な問題になることもありうるわけです。人間の生産は、商品の生産のようにはいかない。どの国も人口問題では苦労していますが、過剰人口か過少人口であるか、その時々の景気によって簡単に調整されません。しかし、不況から好況へ向かう中、新しい分野、つまり利益の高そうな分野が生まれると、資本は一気にこうした過剰人口を低賃金で雇いいれます。当時は鉄道建設、ちょっと前までは公共事業、いまやシステムエンジニアでしょうか。うまくはまったときは、資本にとって笑いが止まりません。

近代産業の特徴的な循環過程、つまり中くらいの活況、生産の繁栄、恐慌、停滞の時期が、小さな変動によって切られながら、一〇年周期の循環をなすという形態は、産業予備軍あるいは過剰人口が絶えずつくられ、多少ともそれが吸収されたり、または再度もとに戻ったりということに基づいている。この産業循環の変転する時期は、一方で過剰人口を集め、エネルギッシュな再生産の道具にする。

人口問題は資本主義の落とし穴

しかしこれは、過剰労働を吸収しえる時期の問題で、そうでない場合はどうなるか。当然ながら余分な人口は飢《う》えるしかないということになります。

出番を待つ置屋の芸者のように仕事を待つ。仕事がなければどうなるか、当然飢えるか移民するかを選択するしかない。そうなると今度は、再び需要が起きたときどうなるか。労働者はたちまち不足する――こうした問題がどこから起こるかということを、オックスフォード大学元教授メリヴェールはこう表現しているわけです。

人間の再生産が、どんなに早く行なわれたとしても。成年労働者として使えるようになるには、とにもかくにも、ひと世代の間隔が必要である。

移民はもってのほか。セックスにも文句を言う

当然です。景気のいいとき生まれた子供が大人になるときには、景気が悪くなる。このめぐり合わせはいつものこと——。となると、移民に出すなどもってのほか。移民で減少した労働者をどう補塡するか。

そこで『人口論』のマルサスは、このために労働者諸君に対して、経済の産業循環を見ながら生殖を調整することを望むというわけです。生殖も資本に規制されねばならないということです。しかし、これがうまくいくわけはありません。

まことに労働力商品とは特殊な商品。簡単に作れない。

高名な日本の経済学者、宇野弘蔵《うのこうぞう》も、この労働力商品の特殊性に注目した一人です。不況から好況期にかけて労働者への需要が増える。しかし、やがて底をつく（すぐ子供が生まれないからです。現在の西ヨーロッパ諸国やアメリカではすぐに移民労働者を入れます。景気の調節弁なのです）。そのため過剰人口がなくなり、完全雇用となった労働者の賃金は上昇し、利潤率が減少する（つまり利益が減るわけです）。やがて過剰投資がたたって景気は反転、恐慌へと進む。こうして景気循環が繰り返されるのは、まさに労働力商品の特殊性にある。まことに慧眼《けいがん》です。

移民を多く入れるアメリカや西ヨーロッパ諸国は、人類愛からそれを行なっているのではなく、この特殊性をいやというほど知っているからです。

仕事のない労働者をも利用する

経済学は、景気が悪いのはむしろ人口が原因だといなおります。労賃が下がり、過剰人口が出るのは、産み方が悪いというわけです。

経済学のドグマにしたがえば、資本蓄積の結果、労賃が騰貴する。騰貴した労賃は労働人口の急速な増大に拍車をかけ、やがて労働市場も飽和するが、資本の拡大は、労働需要が拡大して不足するまで進む。すると、労賃は下がり、今度はコインの裏側の問題が起きる。労賃の減少によって労働人口がますます減少し、資本が労働人口に対してふたたび過剰になる。

別の説明で言えば、労賃の減少とそれに応じた労働者の搾取の増大が、蓄積を再度促進し、一方で同時に、賃金の減少が労働者階級の成長を阻止するわけである。こうして、労働供給が需要よりも低くなり、また賃金が騰貴するという関係が出現する、などなど。

とはいえ、実際には先進諸国は技術開発によって労働者への需要をさほど増やさないので、完全雇用など起きようもないし、賃金も上がりようもなく、むしろ質の高い労働者の過剰人口が増えるという傾向にあります。

さて、「産業予備軍」（労働者の過剰人口）ですが、これは一方で、景気のいいときには賃下げの圧力として影響します。賃金上昇抑制装置です。その意味で失業者、あるいは過剰人口というのはある意味で資本にとって必要なことだということになります。経済学の学説とは逆のことです。景気は労働者の人口が原因で起こるのではなく、むしろ景気は労働者の過剰人口を利用しているわけです。労働者を雇用し、あるいは遊離させることで、企業はつねに賃金を抑制できるわけです。

マルクスはこのことを「資本の専制」だといっていますが、まさに仕事にありついた労働者とそうでない労働者をつねに争わせるという駆け引きによって、労働者への支配を貫徹するというわけです。

労働者もだまってはいない

だからこそ、その秘密を労働者が知るとどうなるか。それは労働組合が失業者を組織しはじめるときに起こります。これは資本にとって破壊的な衝撃をあたえるわけですから、何が何でも止めねばならないことです。

だから、労働者が働けば働くほど、より多くの他人の富を作ればつくるほど、彼らの労

働生産力が増大すればするほど、資本の増殖手段である自分がますます不安定になるのはどうしてかという秘密を知るやいなや――、

また彼らに対する競争の強化が相対的過剰人口の圧力にかかっていることを発見するやいなや――、

そしてまた、彼らが労働組合などを通じて、就業者と失業者との間の計画的協力を組織し、資本主義的生産様式の自然法則の破壊的諸結果を粉砕し、弱めようとするやいなや――、

資本とそのお追従屋《ついしょうや》たる経済学者は、需要と供給といういわゆる「聖なる」「永遠の」法則への侵害に怒るのである。すなわち就業者と失業者とのあらゆる連結こそ、その法則の「純粋な」作用をかき乱すからである。

なるほど、現在でも世界の労働組合は、派遣、フリーター、請負などの労働者、さらには失業者との連携を行なおうとしています。資本家にとって、これは困る。しかし一般には、とりわけ多くの日本の労働者は、マルクスの言葉とは違って、労働者自体が困る、自らの賃金を下げるのではないかと恐れています。

たとえばフランスの労働組合では、丸一日分の給与を返上して失業者のためにそれを基金

として出すということ、あるいは移民労働者への救済、あるいは海外の労働組合との連携などを行なっているのです。日本的にいえば、そんなことをしても無駄だということになるのですが、もういちどマルクスのこの言葉をかみしめていただきたいものです。労働者は、資本家とお追従屋の経済学者と同じになってはいけないのです。

プレカリアートは昔もいた

ここに出ている「不安」という言葉は、今問題になっているプレカリアートという言葉と同じことです。不安という概念は就業している労働者にもある。だからこうした就業不安をもつ人々が今結束しようとしていますが、これも資本にとっては困ったことかもしれません。

最後に海外の話で結んでいます。

一方、たとえば植民地で産業予備軍の成立に反対し、それによって労働者階級の資本家階級への絶対的な服従を阻止しようとする事情が生まれるやいなや、資本（フランス語版では資本家）は、その平凡なサンチョ・パンザ（フランス語版では弁護士）と一緒に、需要供給の「神聖な」法則に反対し、軍（フランス語版では国家）の強制で、それを取り除こうとするのである。

翻《ひるがえ》って、植民地において起こるさまざまな反抗に対しては経済学の言説ではなく、暴力という手段に訴えられるということになります。

第4節　相対的過剰人口のさまざまな存在形態。資本主義的蓄積の一般法則

三つの過剰人口と、さらにその下

ここでは「相対的過剰人口」を分析の対象とします。流動的、潜在的、停滞的、と三つに分かれるといいます。

まず、流動的過剰人口ですが、これは未成年男子労働者が中心で、いわば使い捨ての労働者。やがて青年に達するとお払い箱になります。そして移民するしか道のない層です。もちろんこれにはある一定年齢以上の中年労働者も入ります。彼らは時代の流れの中で老朽化し、すでに使いものにならなくなった労働者というわけです。ここでマルクスは平均寿命が

労働者階級と有産階級でどれほど違うかという統計を引用します。これによると前者が一五年、後者が三八年。どちらも現在からすれば非常に短いのですが、二倍以上の違いには注目すべきでしょう。それほど肉体労働者はすぐに擦り切れるのです。

次に、潜在的過剰人口です。これは労働者として都市に吸収されるのを待つ農村人口ということになります。この層は、ひどい労働者よりもさらに悪い条件に立たされている点で「片足を貧困の泥沼に突っ込んでいる」階級ということになります。

最後は、停滞的過剰人口で、これは就業している労働者の代わりをなす層で、安い賃金でも仕事をする層です。

これよりさらに悪い層が、貧困に喘ぐ被救護貧民であるといいます。危険な階級とされ、一八四三〜四五年、パリ在住時代のマルクスが盛んに調べた層です。具体的には売春婦、浮浪者、犯罪者などです。その中には、労働能力がある者、孤児など、そして労働不能者などが含まれます。

一九世紀の病院、監獄、救貧院はまさに死を待つに等しい場所だったわけですが、資本主義社会では相対的過剰人口の最下層部として、賃金の引き上げに対する重石《おもし》となります。その意味で、この層は資本主義の空費ですが、その分は安い労働者からの搾取で賄《まかな》えばいいわけです。

貧困は神の恵みか？

ここでマルクスは、この貧困について、これも神の定めた自然の摂理と述べる人物タウンゼンドを引用します。

貧民はある程度まで無分別で（すなわち金のスプーンを口にくわえないで生まれてくるほど無分別）、だから社会の下賤《げせん》で、不潔で、劣等な仕事を満たす人がいつもいることは、自然法則のように見える。

人間の幸福の基本は、より洗練された者が労苦をしないで、より高度の仕事に支障なく携わることができることで、倍加する。

——救貧法は、神と自然がこの世界に作り上げたこの制度の調和と美しさ、均斉と秩序を破壊する傾向をもつのだ。

なるほど言い方もあったもので、貧しいことは神の定めである。したがって、これを豊かにすることは、神の掟に反するというわけです。

現在の私たちの世界の中で、どうどうとこうしたことを言える人はいないでしょうが、心の中では優越感に浸りながら、神の摂理と思っている人がどれほど多いことでしょうか。上にいる者は、下にいる者に関心がない。下の者には、上の者のことしか関心がないとしたら、上の者は自らの力を神の摂理と信じ、下の者はできうればひとつでも上昇したいと望むでしょうね。しかし、つねに下層に張り付けられた人たちが、見えないところで存在していることも確かです。それは多くの人が関心をもたない外国人移民労働者、身体障害者、老人、寡婦《かふ》などであるわけです。

第5節　資本主義的蓄積法則の一般的法則の説明

(a)　一八四六〜一八六六年

イギリスは豊かになったか？

ここでマルクスは具体的な当時のイギリス社会の実態を暴きます。統計を示しながら、過去二〇年において、所得、生産など華々しい経済成長があったことを示し、一方国民の貧困は増えたことを示します。

グラッドストーン首相は、一八四〇年代前半の経済成長と貧困との落差に悲鳴をあげますが、その二〇年後貧困が減ったことに感動したとマルクスは述べます。実態はどうかが問題です。この時代は、イギリス経済史においてもっとも議論のあるところで、いまだに生活水準論争の決着もついておりません。もちろんマルクスは、生活水準は下がったという見解のほうなのですが。

さて問題は、彼ら労働者の当時の生活がいったいどんなものであったかです。まず被救護貧民の状態について説明します。まずその貧民の数が八七万人から一〇〇万人を突破したことをあげます。しかもここ一〇年間の餓死の増大などをあげます。

今の世界、落ちて行く人々がどこで死のうとあまり関心をもちません。そういう人たちは見えるところにいないからです。だからいつも、貧困というのはマスコミがあおっているからだ、見たこともない、というのです。マルクスの時代も同じで、一方で、万国博覧会、鉄道旅行ブーム、デパートでの買い物の発展という時代でもあったのです。どちらがその時代の真実か、今でも議論が決着しないところにこの問題の難しさがあります。

(b)　イギリス工業労働者階級の低賃金層

貧民は家からたたき出される

同年代のイギリスの労働者階級の栄養状態が明らかにされます。栄養状態についてドクター・サイモンの調査を中心に引用しますが、サイモンは栄養失調にあることは、もっとそれ以前に住居、光熱、衣料などが不足しているはずだというわけです。食べ物はやはり優先すると。

住宅問題についてこう述べます。

　富の進展に伴う、不良建築の取り壊し、銀行やデパートなどのパレスの建築、営業用の交通、贅沢な場所などのための道路の拡張、鉄道馬車の導入をつうじた都市の「改良」こそが、貧民をはっきりと絶えず劣悪で密集した小屋に押し込めていった。

なるほど、ヴィクトリア時代は繁栄の時代、そこで大帝国の威信をかけた都市改造が行なわれました。結果、貧民の家の取り壊しと住宅難が起こります。これは、今も同じ繁栄という表面上の幻想と、その裏に押し込まれる貧民の住宅難。繁栄する現代の先進国フランスで、不動産ブームでにぎわう表面上の現実と、一〇〇万人以上が家を探している現実。アメリカでは、不動産ブームと、そのバブル崩壊で一気になけなしの財産である家を失った人々の生活。ヴィクトリア朝期は決して過去のものではないわけです。

豊かな者は、不動産でさらに得をする

ロンドンの都心の住宅難にはマルクス自身も悩まされたのですが、その経験からいって家賃が高すぎる。貧しい者には家賃が払えない。鉄道投機、不動産ブームで沸き立つこのロンドンで、労働者は凍えながら家を探す……。

資本主義的正義に感嘆せよ！

土地所有者、家の所有者、事業経営者は、鉄道、新しい建設、道路の新設のような改良によって収容されたとしても、十分な補償が与えられるだけではない。その強いられた「自己犠牲」に対して、神や法律によるさらなる莫大な利潤をもって償いがなされるのだ。

一方、労働者といえば、妻と子、持ち物と一緒に街頭に投げ出される。

──市が貧乏人を認めないような地域に立ち入ろうものなら、衛生法で追放されるというものだ。

マルクスも家賃滞納でたたき出された経験があったがゆえに、妙に真実味のある文章です。そして、金持ちたちが不快なロンドンから郊外に移り住むと、貧乏人がその金持ちの家に入居する（つまりスラム化するわけですが）。そして一室に家族何人もが住む。イギリス北部の工業地帯、ブラッドフォードの街路別の一部屋当たりの居住者数が掲載されていますが、すべて一〇人以上です。

(c)　移動する民

いわゆる底辺の労働者

ここで仕事があるときだけ使う労働者、移動する民を取り上げます。仏語版では鉱山労働者という副題があります。要するに飯場《はんば》を渡り歩く人々のことです。

まず飯場を歩く人々と伝染病との関係が書かれてあり、こうした建設現場の衛生管理のまずさが天然痘、チフス、コレラなどを招いた点が明らかにされます。マルクスの家族もこれに悩まされ子供を失い、そして妻も天然痘にかかるという苦労をしているせいか、この一八五〇年代の衛生管理の問題については、むしろ他人事以上の怒りを持ちながら執筆しています。

そして鉱山労働者です。鉱山労働者は鉱山のすぐ近くに小屋を建てる。そこには水の設備も、トイレもない。ひとつの小屋には大勢が住む。しかもこの小屋は賃金の一部である。そして水などもすべて資本家から買うのだ。結果として、それらは給料から天引きされる。日本の炭住《たんじゅう》地区にもあった、農奴《のうど》のように縛りつけるシステム。給料はたいてい債務の担保となり、赤字というわけで、逃げることはできない……。

(d) 恐慌が、労働者の中で一番いい給料をもらっている者に与える影響

ちょっとぐらい豊かでも、最後は同じ

いわゆる労働貴族に対する影響のことです。一八五〇年代以降イギリスでは労働貴族なるものが出現したということになっています。その労働貴族が恐慌によっていかなる影響を受けているかです。

一八六六年の恐慌について書かれます。その年の五月、恐慌は、ロンドンの巨大銀行の倒

産から始まり、金融に波及したのち全産業へ波及します。倒産、企業閉鎖、首切りによって失業者が巷《ちまた》にあふれます。救貧院にも入れない人がバラックを作り住み、そこには絶望の風景が広がります。

マルクスは、新聞と報告書をただ淡々と引用するだけです。すでに恐慌は過去のものだと思う読者にはあまり興味のないことでしょうが、ここで対象となっているのは、銀行や大企業で働いていた労働貴族たちの悲惨な状況なのです。

一九二九年の恐慌以降、こうした状況はすくなくとも戦争による荒廃を除いて起こっていないはずです。今や経済学は資本主義の矛盾をすべて克服し、社会主義や共産主義という幻想をすべて打ち砕いたと思っているわれわれには関係ないと。しかしどうでしょう。倒産や危機は何度もありましたし、また最近では、バブル以降の困難の中、そうしたエリート層が巻き込まれたことは事実です。しかも最近ではアメリカのバブルの〝つけ〟を世界中の重要な銀行が引き受けていて、国家注入がなければ、(場合によってはそれがあったとしても)信用パニックは避けられないかもしれないのです。

もちろんこれは仮定ですが、いつ何時エリート層といわれるビジネスマンの身にも起こるやもしれないことなのです。だからこの箇所を飛ばさないでじっくりと読んでほしいものです。

(e)　イギリスの農業プロレタリアート

農業労働者の没落

まず理解しておかねばならないのは、農業プロレタリアートは農業に従事する労働者だということです。けっして自営農ではないということです。一八世紀後半には豊かな生活をしていた農業労働者がなぜ没落したか、ということが最初の問題です。一七八〇年を境に農業労働者の賃金は下落し、生活水準は下降する。結果として農業労働者は工業労働者への過剰人口の貯水池となっていきます。

ここでも、ドクター・サイモンの報告を引用するのですが、それは炭鉱労働者より劣悪な状況だということがわかります。イギリスの一二の州についての細かい報告を書きだしたのち、マルクスは次のように記します。

都市への絶えざる移民、農業借地の集積、耕地の牧場化、機械装置の採用による農村の過剰人口、小屋の破壊による農業人口の不断の駆逐は並行して進む。人がいなくなればなるほど、「相対的過剰人口」はますます大きくなり、雇用手段に与える圧力も大きくなり、居住能力を超える農業人口の過剰もますます大きくなり、したがって、農村における地域的過剰人口と極度に悪疫をもたらすような人間の密集が大きくなる。

散在する小さな村と市場町における人間の密集は、土地の表面における暴力的な人間排除と照応している。

数が増え、生産物の量が増えるにもかかわらず、絶えず農業人口が「過剰化する」ことは、その被救護的貧困のゆりかごとなっている。その、時として起こる被救護的貧困は、彼らの駆逐の動機となり、生活苦の源泉であり、最終的な抵抗力を削ぎ、地主や牧場主の完全な奴隷となる。

だから、労賃の最低限が自然法則として彼らに固定されるのである。

こうして、農業労働者は最低賃金状態で土地に縛りつけられるというわけです。工場労働者の貯水池、季節労働者の貯水池となることで、農業労働者の中の成年男子の割合は減り、女子と児童にその農業労働が転化されます。

労働隊——女性と子供を格安で使えるシステム

こうして「労働隊」という制度が生まれるといいます。農業労働隊では、女性や子供が集められ農業に従事させられ、その頂点に立つ男性が彼らを監視しています。監視役の男性はフリーセックスを楽しみ、一種のハメルンのネズミ捕り風に一座を支配するという劣悪な制度です。

今でも東欧諸国からEUに来た移民労働者たちが、こうした過酷な農業労働へ向けられ、ピンハネ、脅し、セクハラが自由に行なわれているのです。決して過去の事実でないことも記しておくべきでしょう。

(f) アイルランド

農業国に特有な、農業予備軍

最後にイギリスに併合されているアイルランドの状態が触れられています。アイルランドの相次ぐ飢餓による人口減少は、まさにこの時代のものだったのです。

しかし、これによってアイルランドは適正規模の人口を確保し、生産性が上昇し豊かになったというのです。貧困は過剰人口が生む。それをなくせば貧困は消滅する。その典型がアイルランドだと言います。本当でしょうか。

確かに餓死した者、さらにはアメリカに移民した者によって、人口は激減しました。しかしアイルランドの労働者の状態はどうであったか。実際には相対的な過剰人口が人口減よりも早く起こり、賃金が下がってしまったというわけです。農地が牧草地に変容したことで、また男性労働を必要としないリンネル産業の発展によって、成年男子労働者の雇用は増えなかったというわけです。

イギリスの場合との違いは、工業国であるイギリスでは農民は産業予備軍になるが、農業国アイルランドでは農業予備軍が都市で補充されるということです。まったく逆のパターンをとっているのです。つまり、工業労働者が逆に農業労働の予備軍になったというわけです。

第24章　いわゆる本源的蓄積

過去の実態を暴く

この章と近代植民理論について書かれた最後の章は、ある意味で経済学の本来の内容から離れているとも言えます。つまり、経済学が現在の経済を対象にし、そこにひとつの理論を見出すとするならば、本源的蓄積はそれに至るまでのいわば経済史であり、また植民地理論も、経済学の理論の体系というよりは、その周辺にある、いわば資本主義的経済を扱うものです。

二つのテーマは、どうも理論の書としては座りにくく、だからこそ最後に持ってきたと思われるのです。しかし、『資本論』という書物は、この二つの章があるゆえに、一層異彩を放っているのだとも思えるのです。なぜならここでは、経済の外的な力——法律や国家、軍事などが出てきます。経済は、外観では、そうしたものを排除しながら、実はうまく使っているという事実をこの章は暴露しているからです。

第1節　本源的蓄積の秘密

もともとスタートからして違っていた

まず理論の矛盾を説明します。貨幣が資本に転化され、それによって剰余価値が生まれ、その剰余価値がさらに資本に転化される。しかし、はじめに誰が貨幣を資本にできるほど蓄積していたかという論理がそこから出てこないという矛盾です。

だから、このすべての運動は悪循環に陥らねばならない。ここから出るには、資本主義的蓄積に先行する「本源的な」蓄積（アダム・スミスの言葉でいえば「先行的蓄積」）を前提にしなければならない。それは資本主義的生産の結果ではなく、出発点である。

はじめに勤勉な者、怠け者ありき

この資本主義というゲームに参加するには、それ以前に非資本主義的ルールが必要であったということです。では、そのルールとは何でしょうか。ここで一種の幻想的物語が語られます。

こうした本源的蓄積は、政治経済学の中では神学の原罪とほぼ同じ役割を演じる。アダムが林檎をかじり、そこから人間の罪が始まった。現在は過去の物語を語ることで説明されるのだ。はるか過去までさかのぼる話の中で、一方にまじめで、知的で、とりわけ倹約なエリートがいて、もう一方に怠け者で、自分のすべてを、あるいは多くを消費するルンペンがいるというわけだ。

もちろん神学的原罪の神話は、いかに人間がそれによって額に汗して働くように運命づけられたかを語るのだが、経済的神話の歴史のほうはといえば、汗して働く必要のない人々がなぜいるかを暴露するのである。

まじめなものは実際には悪党であった？

よく聞く昔話です。自分が貧しいのは祖先が怠け者だから、自分が豊かなのは祖先が真面目であったから。ようするに頭の出来が違ったのだと。資本主義の「合法的ルール」というものをそのまま過去に投影すれば、そうした勤勉と怠惰の物語となるわけです。しかし本当にそうでしょうか。

実際の歴史の中では、よく知られているように侵略、征服、強盗殺人、つまり、暴力が大きな役割を演じる。

穏やかな政治経済学の中では、牧歌が支配的であった。唯ひとつの豊かになる手段は権利と労働だけであった。

しかしながら、いつも今年だけは、悪いことをするという例外つきではあったが、事実、本源的蓄積の方法は、牧歌的でないというだけでなく、まったくこんなものではないのである。

昨日の泥棒が正装し、今日の資本家になった。ちょっと言いすぎだとしても、それに近いことが資本主義以前には行なわれていたというのです。

どこに行くのも自由だが、飢えるのも自由

もうひとつの歴史は、なぜ貨幣が資本へ転化するのかという生産関係の条件の問題です。つまり、一方に労働力しか売ることのできない自由な労働者、他方に生産手段の所有者という関係がなぜ起こったかという問題です。

自由な労働者という意味は、彼ら自身が奴隷や農奴などのように直接生産手段ではないという点において、独立自営農民などのように生産手段が労働者に属しているのではないという点において、彼らは、生産手段から自由であり、独立し、離れているというわけである。

自らが土地に縛り付けられた存在ではないという意味において、そして、生産手段から自由であるという意味において、労働者には、この二つの自由があるというのです。この二つの自由の成立過程こそ、一方での本源的蓄積の意味であるというわけです。

資本主義社会の成立は、それ以前の社会体制であった封建社会の崩壊の結果でした。土地から離れた労働者はなるほど「自由」を勝ちえたが、一方では、少なくとも日々の生活を保障してくれた、生産手段たる土地からもたたき出されるという、栄えある「自由」も勝ちえたというわけです。

もちろん資本家自身は、剣の騎士である封建諸侯を駆逐する必要がありました。

ただし、歴史的対象はイギリスのみです。なぜならこの国こそ、資本主義の典型であるからです。

本源的蓄積の歴史は、国によってさまざまな違いがあり、順序も異なり、歴史時代も異なる、さまざまな段階を通過する。だから、古典的な形態をもっているのは、ここで例として取り上げるイギリスだけである。

第2節　農村住民からの土地の収奪

羊が人間を食べる？

まず一四世紀末のイギリスの農民の状態を説明します。イギリスでは農奴制は消滅し、そこには自営農が中心であったと。

しかし、この状態が突然変わります。それは、一五世紀の後半から、一六世紀の前半にかけてのことでした。この時代は、宗教改革、大航海時代で、あのトーマス・モアの有名な『ユートピア』が語る「羊が人間を食べる」という時代です。

まず小さな封建諸侯が解体し、大封建領主に変わったことで、農民が土地から駆逐されていった。もっと具体的にいえば、羊毛によって金儲けをたくらむ大地主が、英仏海峡の向こうのフランドルの羊毛価格が高騰したことで、農耕地を羊の牧草地に変えたことから起こったわけです。もちろんこの時代に生まれた法律はそうした動きに反対するものだったわけですが、効力をもちませんでした。

一六世紀のこの事態は、実際には宗教改革によってもさらに強化されたといいます。カトリックが支配していた所領がことごとく略奪され、それによって多くの農民が駆逐されたというのです。

国家との結託

それでもまだこの過程は十分ではなかったのです。これを加速したのが、政権の交代でした。それは、一七世紀後半の名誉革命によって実行されます。国有地をどんどん私有地に転化し、王侯貴族は莫大な土地をせしめたのですが、このことは勃興するブルジョワ的資本家にとって、農民のプロレタリア化が加速されるという利点を持っていたわけです。ここで王侯貴族とブルジョワの共同戦線が張られたというわけです。

ブルジョワ的資本家たちは、とりわけ土地を商業取引に転化させ、農業大企業の領域を広げ、農村から鳥のように自由な無保護の労働者を供出する操作に手を貸した。しかも新しい土地貴族は、孵化《ふか》したばかりの新しい銀行貴族、そして当時、保護関税で助けられていた大工場主の本来の同士でもあったのだ。

法律も資本の味方になる

これまでは私的な略奪であったわけです。法律は、むしろ農民を保護してきたわけですが、一八世紀後半になって、逆に一気に農民を土地から追いだすための道具として出現します。こうして法的な略奪が始まります。

略奪の議会的形態とは、共同地囲い込み法案（Bills for inclosures of commons）であり、言いかえれば、土地所有者が民衆の土地を自らに私有地として提供する、土地収奪の法令である。

こうして共有地を失った農民たちは、生活を追われ、今度は農業労働者として土地に引き寄せられるわけです。

「土地の清掃」

そして、最後の一撃を加える「土地の清掃」(clearing of Estates) について言及します。土地の清掃とは、国家権力による計画的な牧草地への転換のことです。フランス語版の読者のためにマルクスは説明をしていますので、それをちょっと取り上げます。

フランス語では「森を間引くこと」という意味であるが、英語の意味での「不動産を間引くこと」という意味は、農業経済の技術的な問題を意味してはいない。それは、大規模な農耕地や牧草地への転換を運命づけられた不動産に住んでいる農耕民、彼らをそこから追い出すためのあらゆる暴力行為を意味している。

皮肉な言葉ですが、それこそ暴力による収奪の例が示されています。たとえばスコットランドのサザランド女公は、牧草地にするために一八一四年から二〇年までに一五〇〇〇人の村の三〇〇〇家族を組織的に一掃したといいます。そのために軍が動員され、立ち退かない住民たちと衝突し、そこで一人の老婆が焼け死にます。もちろん村人には荒廃した土地がその保障として与えられましたが。

サザランド女公が、南北戦争中のロンドンで、『アンクルトムの小屋』のストウ夫人のために、奴隷解放政策をたたえる歓迎会を催したとき、マルクスは『ニューヨーク・デイリー・トリビューン』紙上に、このスコットランドの奴隷の悲劇について記事を書き、それはスコットランドでも評判になったようです。

現在では工場、ダム、道路など、大企業にとって重要な施設をつくるために、時として機動隊などが派遣されますが、まさにこれと同じことだと言えます。

すべては夢である

最後にマルクスは、皮肉まじりにこう述べます。これらはすべて牧歌的な事実として語り継がれることなのです。

教会領の収奪、国有地の詐欺的な譲渡、共同地の窃盗、そして、横領まがいの無慈悲なテロリズムによって遂行された、封建的（家父長的）土地所有の近代的私有への転化（フランス語版では「藁葺《わらぶ》き屋根に対する戦争」）――、それらの中に本源的蓄積の牧歌がある。

これらは、資本主義的農業のための領域を征服し、土地を資本に合体し、都市の工業を必要とする無保護のプロレタリアートを創出したのだ。

第3節　一五世紀末以来の収奪に対する血の立法
——労賃引き下げのための法

さて土地から追い出された人々はどうなったか。都市へ流れ込みますが、おいそれと仕事があるわけではなく、彼らは浮浪者、乞食、盗賊などになる。そこで彼らを規律化しなければならなくなり、新しい法律が制定されます。

血の法律

現在の労働者階級の祖先は、まず彼らが浮浪者や貧民になったことを罰せられたのである。彼らは法律によって「自由意志」の犯罪者となり、法は、彼らがもはや存在しない古い関係で働くことを継続するかどうかは善なる意志次第であるとしたのである。

一五三〇年、都市に出てきた彼らは、乞食となると、鑑札が付けられ、浮浪者はむち打ちと禁固処分、そして帰郷させられ強制労働が待ち受けたわけです。累犯三回で死刑という処分まで加わります。その一七年後、彼らは今度は怠け者として奴隷にさせられ、逃亡三回で死刑に処せられました。

フランスの例も、取り上げられます。一七世紀半ばにパリで浮浪者があふれたとき、ガレー船送りとなったと。他の国でもこうした厳しい処置によって、働くことを躾《しつけ》られるようになるわけです。

こうして土地から暴力的に収奪され、追放され、不労者になった農民は、奇妙なテロリスト的法律によって、賃労働体系に必要な規律（Diziplin）化されるために、むち打たれ、焼印を押され、拷問にかけられたのだ。

教育によって、労働者を再生産する

こうして労働力商品以外に売るもののない者が出現したわけですが、これだけでは十分ではないわけです。最後のひと突きのために、教育、伝統、習慣などが総動員させられ、この生産様式こそ自然のものである、と認めるように労働者階級の意識を形成する必要がありました。

ただし、資本主義の勃興期にはまだそこまでいきません。そのために強制的な暴力を執行する国家機関の手が必要です。

勃興しつつあるブルジョワジーは、労賃を利殖に都合のよい限界に抑えるために、「調整し」、国家権力を利用し、労働日を延長し、労働者自身を規律的に依存させるために国家を利用し、必要とするのである。

賃金の上限を決める法律

経済と国家は相携《あいたずさ》えてこの目的を実行するわけです。そして労賃に関する立法が生まれます。一三四九年のイギリスのエドワード三世の労働者法と一三五〇年のフランスのジャン王の勅令がそれです。これは賃金の上限を決め、それ以上の賃金を受け取る者、支払う者をともに罰する法律です。最低限のほうが決められていなかったわけです。四〇〇年後、この最低賃金も決まることになりますが、一八一三年には、こうした法律そのものが廃止されたのです。

現在の法律では、最低賃金が決められています。しかしその賃金もちょっと油断するとどんどん切り下げられてしまいます。ましてや生活保護の最低水準などについて、多くの労働者が働くことをやめ、生活保護を求めるようになると、必ず引き下げ要求が出てきます。その議論が、イギリス議会で一〇〇年以上も前に語られたことと似ているのは皮肉なことです。

次に、労働者の団結を阻止する法律が述べられます。この法律は、一八七一年六月二九日の条例によって終わるというわけですが、そこには当然、留保がついています。マルクスは、この法律のうしろにある留保こそが重要な意味をもつことをたびたび指摘していました。そこでは、罷業《ひぎょう》（ストライキ）に関する厳しい刑法が同時に決定され、工場主や判事の判断によって取り締まれるようになったと書いています。

ちょっと油断すると何でもありだ！

現在でも労働運動に関する法律と、それを取り締まる法律との関係は微妙です。運動自体は取り締まれなくとも、活動ができないようにする様々な法律が脇から制限しています。ストライキ権はあっても、罷業権はなかったり、サボタージュと判断されると逮捕されたり、これらは、今現実のわれわれの問題です。

ここでフランス革命時の結社禁止の問題に言及しています。結社禁止は、本来ブルジョワの介入を阻止する同業者組合の禁止に意図があったわけですが、それを労働者に対して向けたというわけです（一七九一年六月一四日）。労働者の団結に対して、罰金と公権剥奪。これが、マルクス自身も悩まされたシャプリエ法の問題です。労働者の団結を阻止することで、社会運動、ましてや社会主義、共産主義運動を取り締まることができます。

この法律のおかげで、パリでの結社がすべて秘密結社となり、労働運動を自由にできなかったわけです。マルクスも関係した義人同盟、共産主義者同盟などは、この法律で公的な活動ができませんでした。

第4節　資本家的借地農業者の形成

資本家はどこから来たのか?

労働者には、農業から追い出された浮浪者、乞食がなりました。それでは資本家はどこから来たのか。マルクスはひとつの前提として、借地農業者の発展を考えます。大土地所有者が増える傍らで、土地を借りて利潤を得る借地農業者の生成。彼らが資本家の一部として富を形成したことは間違いないわけです。

しかしこれは、まだ資本形成の出発点の問題であり、産業資本の形成とは関係ありません。

第5節 農業革命の工業への反作用。産業資本のための国内市場の形成

農民が土地から追放される一方で、農業は生産性を上げるのですが、それは何といっても農業で行なわれた大規模な協業、生産手段の集積が、大土地所有化によって進んだからだといいます。そして労働者のための可変資本部分が形成されたのです。

他方、農業の余剰人口は土地から駆逐され、やがて借地農の日雇いか、そこにできたリンネル紡績工場などの労働者になりました。これまでのように農業の片手間の小さな工場制手工業ではなく、大規模な工場で作られる機械制大工業へと発展します。

このあたりの議論はもう少し詳しく書くべきだったと思われますが、マルクスはかなり急いでいる嫌いがあります。資本蓄積とそこから発生する産業資本の説明にはかなり注意を要する部分があります。本源的蓄積がどういう経路で資本家を生み出したのかは、かなり議論の多い経済史の問題だからです。

農村がそのまま市場となる

それはそうとして、マルクスの意図は、国内市場の形成のほうに視点を持っていきます。農業から駆逐された労働者が生まれることで、彼らの生活手段たる食糧、衣類をつくるための国内市場が形成されたからです。

農民の一部の収奪と駆逐は、労働者とともにその生活手段と労働材料を産業資本のために遊離させるのみではなく、国内市場をつくり出す――事実、小農民を賃労働者に変え、彼らの生活手段と労働手段を、資本の物的要素にする諸事件は、同時に、資本のために国内市場をつくり出す。

これまで農村社会で行なわれていた一連の作業が分離し、大借地農業者と工場主の仕事となったわけです。こうして農村がそのまま市場となり、それが逆に農村の手工業を破壊します。

前の自営農民の収奪と彼らの生活手段からの分離とともに、農村の副業は破壊され、工場手工業と農業との分離過程が進行する。そして、農村家内工業の破壊によってのみ、資本主義的生産様式の必要とする広さと強さが、一国の市場に対してあたえられるのである。

第6節 産業資本家の生成

思わぬところから資本家は生まれる

産業資本家の形成は借地農業者のように、ゆっくりと生じたのではなかった。疑いえないことは、多くの小さな同職組合の親方と多くの独立手工業者、あるいは賃金労働者さえも、小資本家となり、そして、賃金労働者の搾取のゆっくりとした拡大と、それに照応した終わることのない蓄積とともに、完全な資本家になったのだということだ。

資本家がどこから来たかは、不明確です。ただ言えることは、機を見るに敏なるものにはチャンスがあった。逆にそれまで中世で発達していた商業資本と貨幣資本は発達を阻害されたわけです。その理由は都市では同業者組合、農村では封建制度があったからで、これを崩壊させる必要がありました。それが封建制の解体であり、農村部での工業の発展だったわけです。

ここで、今まで無視されてきた国際的視点へ目が向けられます。それはアメリカでの金銀の発見、そして原住民の搾取、東インド会社といった外的要因です。内的要因とは別のこうした略奪が、資本蓄積、本源的蓄積を補ったことはもとより当然のことです。

国家の暴力の必要性

国家の果たす役割として、植民地戦争での勝利と重商主義的保護制度という問題が出てきます。

これらの方法は部分的には、たとえば植民地制度のような野蛮な暴力によって行なわれる。しかし、そのすべてについて、封建的な生産様式が資本主義的生産様式に転化される過程を温室効果的に短縮するには、社会の集中された組織機関である、国家権力を必要とする。この暴力は、新しい社会を孕《はら》む古い社会の産婆である。それ自体がひとつの経済的能力でもある。

そのあと、国家やキリスト教が植民地で行なった野蛮な略奪が紹介されます。ここで主としてオランダ国家がジャワで行なった蛮行があげられますが、使われている文献は、かつて一八五三年『ニューヨーク・デイリー・トリビューン』でインド問題を論じたときに使ったラッフルズの『ジャワ史』です。

国家の商業独占とともに始まったインド会社の役割についても、こう述べます。

植民地制度は、商業と航海を温室的に育成した。「独占会社」（ルター）は、資本集積の強力なテコであった。植民地は、成長する工場手工業に販売市場を与え、市場独占によって強化された蓄積を保証した。ヨーロッパの外で、直接掠奪《りゃくだつ》、奴隷化、強盗殺人によって取られた財宝は母国に帰り、そこで資本に転化された。

公信用制度の登場

国家による海外からの略奪は本来の国内の市場と別の要因に見えますが、実際には国内における過去の蛮行と国外における過去の蛮行によって支えられていることは間違いないわけです。国家や植民地制度は、それ自体は経済外の要因ですが、内的要因と密接に結びついて発展します。

国家の経済的役割は、いわゆる軍や警察といった暴力だけでなく、公信用といった公債発行にもあります。

まず公債が、中世のヴェネツィアとジェノヴァで発生したことを指摘し、それがオランダで確立されると説き、次の文章が出てきます。

したがって、次の近代的学説が生まれる。すなわち国の借金が増えれば増えるほど、国民はますます豊かになるのだという学説。公信用は資本の信念となる。国家債務の発達とともに、決して許されない聖なる精神に対する罪に代わって、国家債務の信用の崩壊が起こる。

公債は本源的蓄積のエネルギッシュなテコのひとつである。魔法の杖の一撃のように、非生産的な貨幣に生殖力を与え、それを資本に転化する。そのために産業的、高利貸的装置と分かちがたく結びついたわずらわしさと危険を持つ必要もないのだ。

現実には、国家に対する債権者は何も与えない。なぜなら貸し付けられた金額は簡単に堂々と譲渡できる公債証券に変化され、彼らの手の中であたかもそれが同量の現金である

かのように機能するからである。

ここで国家が与える一種のバブルの信用が、魔法のように力をもち、資本のテコとなること、しかし、それはあくまでも幻想であり、信用がいったん崩壊すれば、とんでもない事態を生み出す可能性を指摘することもわすれていません。

そして一六九四年、イングランド銀行が創設されるわけです。詳しくは第1巻では書かれていないのですが、基本的な原理、すなわちイングランド銀行が銀行券の形態で一般に貸し付けることで、貨幣を発行する権利を獲得し、中央銀行として全商業信用の中核となったことを指摘します。

そしてヴェネツィアが国債を引き受けることで、オランダの本源的蓄積を促し、オランダはイギリスの本源的蓄積を促し、イギリスがアメリカの本源的蓄積を促すのだという信用の連鎖を指摘します。

公債発行による収奪

しかし一方で、公債を支払うために国民への税が重くなり、それが賃労働者に転嫁されるというシステムを作り出すわけです。とりわけそれは賃労働者よりも中産階級からの収奪に向かったとマルクスは述べます。

現在進行中のアメリカの不動産バブルで、アメリカの公債価値が下がり、そこに投資した銀行は不動産騰貴の損失のみばかりか、公債の減価のつけをも払わざるをえなくなっています。しかし、これらの銀行の破産も、結局、国家同様に国民の税金へつけがまわされることは、バブル崩壊後の日本の処理政策を見れば明らかなことです。これがおそらく中産階級を襲い、豊かな者と貧しい者との両極分解に拍車をかけることになるのでしょうか。

国家は何を保護するか?

次に、保護制度について語ります。保護制度は、ある特殊の産業を独占することで、ほかの中小資本家を衰退させ、さらに保護貿易による奨励金で追い打ちをかけます。

植民地制度、公債、重税、保護、商業戦争など、こうした本来のマニュファクチュア時代の芽は、大工業がまだ幼児期の時代、巨大に発展する。大工業の誕生は、偉大なるヘロデ王のような児童略奪によって祝福される。王国海軍同様、工場主も強制徴募によって人を集める。

勃興期の工業が児童労働で発展した様子を、ユダヤのヘロデ王の児童殺しにたとえて描いているわけです。

毛穴という毛穴から血と脂《あぶら》をたらしながら

マニュファクチュア時代における資本主義的生産の発展とともに、ヨーロッパの世論は恥と知性の最後のかけらを失った。国民は資本蓄積の手段であるひどい行ないを、皮肉にも自慢した。

資本主義の発展が、まさに本源的蓄積過程において、ありとあらゆる残忍な行ないをむしろ自慢げにしているさまを描いているわけですが、西欧資本主義に今なお残る、アジア人、アフリカ人への蔑視と軽蔑は、狂った歯車によって生まれていったとも言えるわけです。もちろん今は、逆に人権という思想を軽々しくも語り、こうした蛮行を批判する立場で、自らの資本主義の利益を確保しようとしていますが。

最後にこう語ります。

資本主義的生産の永遠の法則を解放し、労働者と労働条件との分離過程を完成し、一方では社会的生産と生活手段を資本に転化し、他方で人民大衆を、賃労働者に、自由な「貧しき労働者」に、すること——すなわち、近代史の芸術作品をつくることは、かくも大変なことだったのである（Tantae molis erat）。

もしオージエが述べるように、貨幣が「頬に自然の血痕を付けて生まれる」とすれば、資本は、頭からつま先まで、あらゆる毛穴という毛穴から血と脂をたらしながら生まれるといえよう。

資本主義が生まれるにあたってのすさまじい歴史を語るには、最後の格言ほどうまく表現した言葉はないかもしれません。

第7節　資本主義的蓄積の歴史的傾向

第一の否定——私有制度の解体

いよいよ結論です。資本の本源的蓄積とは何か。それは畢竟《ひっきょう》、直接生産者——自己労働に基づく私有——の解体そのものだということです。

ここで直接生産者という概念が重要です。なぜならこの生産者こそ自由な個性の発展と結びついているからです。しかし、こうした世界はいつか崩壊するしかない。すなわち資本主義的な意味での破壊は、起こるべくして起こる。だからこの収奪が資本主義の前史になるというのも当然です。

自己の労働によって得られる、いわば独立した労働者個々人と、その労働条件との結合に基づく私有は、他人の、しかし形式的には自由な労働の搾取に基づく資本主義的な私有によって、駆逐される。

これが歴史の前史だとしたら、その後史はあるのでしょうか。

この転形過程が古い社会を深く変えてしまえば、労働者がプロレタリアへ、その労働条件が資本に転化されてしまえば、そして、資本主義的生産様式が自らの足で立つにいたれば、私的所有者の収奪の新しい形態が起こる。それは、労働のさらなる社会化であり、土地とそのほかの生産手段が社会的に搾取される、共同的な生産手段へのさらなる転化である。

第二の否定――ならば資本のつくり出す世界をもう一度否定しよう

マルクスの未来への展望がここで展開されます。いわば結論を、歴史に言及するところでもってきたわけですが、いささか唐突という感もあります。細かい分析よりも、未来を見通したいという焦りもある。しかし理論的には、資本主義が収奪の歴史ならば、未来の歴史は、その収奪から生まれるであろうという期待がある。

さあ、どうやってなされるのか。以下は少々長いのですが、『資本論』第1巻の結論部分、いわば『資本論』のクライマックスともいえる部分ですから、すべて引用します。

この収奪は資本主義的生産自体の内在的法則の作用によって、資本の集中によって実現される。つねに一人の資本家が多くの資本家を滅ぼす。この集中とともに、つまり少数の資本家による多数の資本家の収奪とともに、ますます大規模になる協業的形態、科学技術の意識的な利用、土地の計画的利用、共同的にのみ使われる労働手段への労働手段の転化、結合された社会的活動の生産手段として使用されることで起こるすべての生産手段の節約、世界市場全体への世界の国民の組み入れ、およびそれとともに資本主義の国際的性格が発展する。

こうした転形過程のあらゆる利益を収奪し、独占する大資本家の数がたえず減少していくとともに、窮乏《きゅうぼう》、抑圧、隷従《れいじゅう》、堕落、搾取の度が増大するのだが、一方でたえず拡大する資本主義的生産過程の機構そのものによって訓練され、結集され、組織される労働者階級の抵抗も増大する。資本の独占はそれによって、かつ、そのもとで開いた生産様式の障害になってくる。

生産手段の集中と労働の社会化は、そうした資本主義の枠と調和しなくなる点にまで至る。そして、その枠は破壊される。資本主義的私有の最後を告げる鐘が鳴る。収奪者が収奪されるのだ。

資本主義的生産様式から生まれる資本主義的領有様式、つまり資本主義的私有は、自己の労働に基づく個別的な私有の最初の否定である。しかし資本主義生産は、ある種の自然過程をもってそれ自身の否定をつくる。

それが否定の否定である。この否定は私有を復活させるのではないが、しかし、確かに資本主義時代の結果に基づいている。すなわち、土地の協業と労働によって生産された生産手段の共有に基づいている。個別的所有をつくるのだ。

当然ながら、個人の自己労働に基づく分散した私的私有の、資本主義的私有への転化は、社会的生産過程に基づく資本主義的所有の、社会的所有への転化に比べれば、比較にならないほど長く、過酷で、困難な過程である。

前者では少数の収奪者による民衆の収奪が行われたのだが、後者の場合には民衆による少数者の収奪が行なわれるのだ。

マルクスはここで、未来社会を資本主義が世界の津々浦々まで広がり、それが国家を超え独占を形成し、世界的な規模での労働運動が起こるようになって実現できる問題であることを示しています。いわばグローバリゼーションが世界に拡大した状態ともいえます。しかもその変化は意外と早いかもしれないともいっています。

個別的所有というのは否定の否定、イメージは自己労働に基づく所有のイメージですが、それは巨大な生産力の共有に基づいている所有であることでバージョンアップしているのです。つまり私的所有は、個人的労働による所有によって生まれ、やがてそれが資本主義的な労働に対する所有に変わり、再度それが否定され、社会的所有の中で個人的所有が復活するというわけです。

すでに『共産党宣言』（一八四八年）の中で私的所有と個別的所有を区別しているのですが、それが『資本論』の中でも一貫して貫かれているのがわかります。

第25章　近代植民理論

なぜ、植民地論が必要か

いよいよ最終章にまで来ました。すでにクライマックスを過ぎたというのに、なぜ最後にこんな章があるのか。いささか変ではあります。しかし、全体を読んでみると、しつこいばかりに、先ほどの結論が再説されるのに気がつきます。

この章は植民地においても独立生産者の存在が危機に晒《さら》されることを述べます。資本主義は自国で独立生産者を崩壊させたのみならず、植民地においても崩壊させるというわけです。

ただしそのためには二つの方法があります。第一の方法は、軍事力によって一気に植民地にあるような制度を崩壊させる場合。もうひとつは、むしろ植民地に大量の移民を送り込むことで、都市を中心として資本主義制度を輸出する方法です。

資本主義とは、人間関係である

ここで取り上げるのはむしろ後者で、その代表がウエークフィールドであるというわけです。この人物の第一の発見は、植民地でいかなる労働者や生産手段をもとうとも、労働力商品以外をもたない労働者を作るメカニズムがないと資本主義は根付かないということです。なぜなら、資本主義とは、基本的には人間関係のことだからです。

資本とは、ものではなく、ものによって媒介された人と人との社会的関係のことだからである。

言いえて妙の言葉です。資本と賃労働との関係こそ資本主義だからです。

簡単に土地を持てなくする

アメリカのような植民地では、自営農民が多く、かつ彼らが自ら生活手段をつくっています。そんな中で、労働者の再生産はできません。彼らを崩壊させるしかないということです。ここでも資本主義の本源的蓄積にあった、独立生産者の崩壊という問題が、歴史ではなく、空間的な場所を移して展開される必要があるのです。

アメリカの場合土地が豊富で、あえて労働者になる必要がありません。それが独立生産者の崩壊を妨げています。ちょうど本源的蓄積の時代にあったように、こうした独立生産者の崩壊を引き起こすメカニズムが必要になってきます。アメリカにあっては、移民した労働者もそのままでは土地を購入し、そこに移り住むことで、容易に賃労働者にはならない。しかも、彼らにはありあまるほど仕事があることで、失業者にすらならない。資本にとって必要なことは、労働力商品の再生産のみならず、相対的過剰人口の再生産でもあるのです。

この問題を解決するには、国家が簡単に土地を与えないようにする。一定の労働をしないと土地を持てないような制度をつくることだというわけです。こうして生まれたのが組織的移民政策で、簡単に土地を持てない移民を組織するということです。

こうして南北戦争の頃から、アメリカの東部の主要都市では労働者があふれ、相対的過剰人口を作るようになり、なおかつ土地に流れないことで労働者が賃労働者として再生産されるようになったわけです。アメリカはもはやヨーロッパの天国ではなくなりました。

こうしてアメリカのような植民地でさえ、もはや資本主義と無関係に存在できる空間でなくなったことを指摘します。

独立生産者の収奪と労働の収奪

ここでなぜこういった問題を取り扱ったかを最後に語ります。

しかし、われわれが論じたいのは植民地の状態のことではない。われわれが関心をもつのは、古い世界の経済学によって新世界で発見された、声高く宣言された秘密のことである。

資本主義的生産様式と蓄積様式は、つまり資本主義的私有は、自己の労働に基づく私有を破壊すること、すなわち労働の収奪を前提にしている、ということだ。

資本主義の持つそれまでの世界の崩壊過程、それを現在というレベルで遂行しているのが植民地であるということです。こうして資本主義世界が津々浦々まで発展し、それまでの私有制度は完全に崩壊していきます。だから、こうした資本主義による収奪過程は留まるところを知らない。

しかし、世界の端まで到達したからこそ、今度は、「収奪者の収奪」（収奪者から収奪すること）がはじまるという、次の新たな段階が見つけられたのだということになります。『資本論』は、こうして資本主義の鉄の法則がどんどん進んでいくことを、非ではありながらも認め、そこから先の社会をどう構築するかという問題を提示しているわけです。否定の否定、収奪者の収奪が、資本主義の高度な発展過程を経ることなくしては、決して実現できない過程であることは、当然のことながら、マルクスが最終的に達した結論だったからです。

あとがき

本書はあまりも小さな新書です。とはいえ、ひとつだけ特徴をあげるなら、『資本論』第1巻の後半部をやや詳しく書いたことにあります。経済学部の学生にとっては確かに原理論としての前半に関心があるかと思いますが、しかし『資本論』のすばらしさは、むしろ後半で理論が現実の世界の生々しい姿と対比されることにあります。

マルクスも第8章から読めと言っているぐらいです。ですから本書ではやや古臭いと思える一九世紀の事実、あるいは過去の歴史を取り扱った部分をかなり丁寧に追いました。『資本論』第1巻が、エンゲルスが編集した第2巻、第3巻と違う最大の部分は、こうした現実の生き生きした部分が多くあるということです。マルクス自身そのことに気付いていたようで、第2巻はほぼできていたのに、出版しませんでした。第3巻にいたってはその準備すらできませんでした。

その意味で、後半の史実の分析こそマルクスの真骨頂でもあるわけです。何しろ長いことジャーナリズムで培《つちか》った文体は、かなり厳しく相手を攻撃する勢いを持っているのです。ありきたりの報告を使いながら、結論をまったく違ったようにもっていく。逆ねじをくらわせるという彼のやりかたは、ジャーナリストのやり方です。

とはいえ、その現実の歴史も前半の商品についての知識がないと、やはり理論的にはわかりません。だから最低限、「商品の二重性」という言葉を理解してください。それが「労働力商品の二重性」を導き出す大きな理論的基礎でもあるのです。この労働力商品の二重性、すなわち使用価値と交換価値の違いがわかると、そのあと展開される議論はとりあえず見当がつきます。

労賃がなぜ低いのか、労働日はなぜ長いのか、労働はなぜ強化されるのか、なぜ生活は豊かにならないのかなど、すべてこの問題から理解できます。

そして、なぜ労働者は努力しても資本家になれないのか、それは最初から条件が違っているという事実を知れば理解できます。資本主義が始まるには、さまざまな条件が必要で、そのために国家、軍、警察、法律、宗教、こうした経済外の要因も深く関係し、これらによって、労働者が労働力商品以外に売るものがないような条件がつくり出されたわけです。

だからいたずらにいつかは資本家になれるだろうというような甘い夢をもたないことが必要です。もちろんそうした夢を捨てられないことは確かだからこそ、『資本論』をしっかりと読まねばならないのです。
さあ、この本を読んでいただいて、『資本論』を読んでみたい気になりましたか。ここで終わってはいけません。さあ、本物を読んでください。『本書』のほうはもうこれで卒業です。

最後に。本書の一部を短い間ですが、実はモニターとして私のミクシィのサイトに掲載しました。その際コメントをくださった、希流さん、のぶりんさん、ユーゴさん（東希視さん）、亜熱帯さん、革命的りょうちゃんさん（笹井良太さん）、かわうそさん、Ｒｙｏｓｕｋｅさん、Ｄｏｌｐｈｙさん（瀧澤主税さん）、ゆういちさん（川島祐一さん）にはお礼を申し上げます。ちなみに私のミクシィ名はｍａｒｘです。

キリトリ線

★読者のみなさまにお願い

この本をお読みになって、どんな感想をお持ちでしょうか。次ページの「100字書評」（原稿用紙）にご記入のうえ、ページを切りとり、左記編集部までお送りいただけたらありがたく存じます。今後の企画の参考にさせていただきます。また、電子メールでも結構です。

お寄せいただいた「100字書評」は、ご了解のうえ新聞・雑誌などを通じて紹介させていただくこともあります。採用の場合は、特製図書カードを差しあげます。

なお、ご記入のお名前、ご住所、ご連絡先等は、書評紹介の事前了解、謝礼のお届け以外の目的で利用することはありません。また、それらの情報を六カ月を超えて保管することもありません。

〒一〇一―八七〇一　東京都千代田区神田神保町三―六―五　九段尚学ビル
祥伝社　書籍出版部　祥伝社新書編集部
電話〇三（三二六五）二三一〇　E-Mail : shinsho@shodensha.co.jp

★本書の購入動機（新聞名か雑誌名、あるいは○をつけてください）

＿＿＿新聞の広告を見て	＿＿＿誌の広告を見て	＿＿＿新聞の書評を見て	＿＿＿誌の書評を見て	書店で見かけて	知人のすすめで

★100字書評……超訳『資本論』

名前

住所

年齢

職業

的場昭弘　まとば・あきひろ

1952年、宮崎市生まれ。神奈川大学経済学部教授。慶応義塾大学大学院経済学研究科博士課程修了、経済学博士。著書に、『マルクスだったらこう考える』『マルクスを再読する』『ネオ共産主義論』『未完のマルクス』『マルクスに誘われて』など、共著書に、『新マルクス学事典』がある。

超訳《ちょうやく》『資本論《しほんろん》』

的場《まとば》昭弘《あきひろ》

2008年5月1日　初版第1刷発行

発行者……………深澤健一
発行所……………祥伝社《しょうでんしゃ》
〒101-8701　東京都千代田区神田神保町3-6-5
電話　03(3265)2081(販売部)
電話　03(3265)2310(編集部)
電話　03(3265)3622(業務部)
ホームページ　http://www.shodensha.co.jp/

装丁者……………盛川和洋
印刷所……………堀内印刷所
製本所……………ナショナル製本

Printed in Japan　ISBN978-4-396-11111-3　C0236

〈祥伝社新書〉好評既刊

001 抗癌剤 知らずに亡くなる年間30万人 平岩正樹
002 模倣される日本 映画、アニメから料理、ファッションまで 浜野保樹
008 サバイバルとしての金融 株価とは何か・企業買収は悪いことか 岩崎日出俊
010 水族館の通《つう》になる 年間3千万人を魅了する楽園の謎 中村 元
024 仏像はここを見る 鑑賞なるほど基礎知識 瓜生《うりゅう》 中《なか》
035 神さまと神社 日本人なら知っておきたい八百万《やおよろず》の世界 井上宏生
039 前立腺 男なら覚悟したい病気 平岡保紀
042 高校生が感動した「論語」 佐久 協《やすし》
043 日本の名列車 竹島紀元《としもと》
044 組織行動の「まずい!!」学 どうして失敗が繰り返されるのか 樋口晴彦
052 人は「感情」から老化する 前頭葉の若さを保つ習慣術 和田秀樹
062 ダ・ヴィンチの謎 ニュートンの奇跡 「神の原理」はいかに解明されてきたか 三田誠広
063 図解 1万円の世界地図 日本の格差、世界の格差 佐藤 拓
066 世界金融経済の「支配者」 その七つの謎 東谷 暁《さとし》
074 間《ま》の取れる人 間抜けな人 人づき合いが楽になる 森田雄三
076 早朝坐禅 凜《りん》とした生活のすすめ 山折哲雄
077 「お墓」の心配無用 手元《てもと》供養のすすめ 山崎譲二
081 手塚治虫「戦争漫画」傑作選
082 頭がいい上司の話し方 樋口裕一
086 雨宮処《か》凛《りん》の「オールニートニッポン」
087 手塚治虫「戦争漫画」傑作選Ⅱ
089 愛しの蒸気機関車 竹島紀元《としもと》
090 父から子へ伝える 名ロック100 立川直樹
092 どうする東アジア 聖徳太子に学ぶ外交 豊田有恒
093 手塚治虫傑作選「瀕《ひん》死《し》の地球を救え」
094 朗読してみたい 中国古典の名文 渡辺精一
095 デッドライン仕事術 すべての仕事に「締切日」を入れよ 吉越《よしこし》浩一郎
096 日本一愉快な 国語授業 佐久 協《やすし》
097 あの哲学者にでも聞いてみるか ニートや自殺は悪いことなのか 鷲田小彌太
098 滝田ゆう傑作選「もう一度、昭和」
099 御社の「売り」を小学5年生に15秒で説明できますか? 松本賢一
100 仕事が活《い》きる 男の風水 金寄《かなより》靖水《せいすい》
101 戦国武将の「政治力」 瀧澤 中《あたる》
102 800字を書く力 小論文もエッセイもこれが基本! 鈴木信一
103 精神科医は信用できるか 「心のかかりつけ医」の見つけ方 和田秀樹
104 宮大工の人育て 木も人も「癖」があるから面白い 菊池恭二
105 人の印象は3メートルと30秒で決まる 自己演出で作るパーソナルブランド 江木園貴《そのき》
106 メジャーの投球術 日本野球は、もう超えたか 丹羽政善
107 プロフェッショナル 仁志敏久
108 手塚治虫傑作選「家族」
109 「健康食」はウソだらけ 三好基晴

以下、続刊